子どもと心でつながる

教師の対話力

渡辺道治［著］

学陽書房

はじめに

私たち人間は、日々「言葉」を使って思考しています。

「今日の晩御飯は、何にしようかな」

「困った、このままだと仕事が締め切りに間に合わない」

「あの子が好きでたまらないけど、でも告白してフラれたらどうしよう」

そして私たち人間は、日々「言葉」を使って思いや考えを届けています。

「ねぇねぇ、晩御飯はカレーでいい？」

「すみません！　少しだけ締め切りを伸ばしてもらえますか？」

「ずっとずっと、あなたのことが好きでした。ぼくと付き合ってください」


世界中で日々無数の言葉のやり取りがなされているわけですが、その中には思いや考えが「届く」時と「届かない」時があります。

また、届いたとしても「受け取ってもらえる」時と「受け取ってもらえない」時があります。

言葉が届く時、届かない時。

言葉を受け取れる時、受け取れない時。

その違いは一体どのようにして生まれるのか。

言葉のやり取りの中にある複雑性をひも解いていく中で、相手とのよりよい対話を実現していく力を磨いていくことが本書のメインテーマです。


特に昨今の学校現場では、この対話の力が必要な場面が明らかに増えてきたように思います。

見通しを立てることが難しく、価値観が急速に多様化していく現代において、学校に求められるニーズも増加と複雑化の一途を辿っています。

そして、その複雑さという名の難しさが、得体の知れない多くの恐れや不安を生み出すようになり、より問題の解決を困難にさせています。

一人の力で打開することがすでに不可能なほど難しくなった諸々の課題を解決するためには、多くの力を結集することが大切です。

しかし、学校現場にはすでに諸々の分断が生まれてしまっています。

学校と家庭との分断。

家庭と地域との分断。

地域と学校との分断。

昨今のコロナ禍によって、その分断にはさらなる拍車がかかったといえるでしょう。

こんな時代だからこそ、学校現場では、相手との間に豊かな関係をつくっていこうとする覚悟を決める必要があるのだと思っています。

そのはじめの一歩となるのが、**「対話力」**です。

相手の思いを感じ取り、相手の求めるものを創り出し、そしてそれを相互に贈り合うことのできる力。シンプルなようで、でも実はこれこそが複雑化の一途を辿る問題に対する唯一無二の切り札でもあります。

本書を読んだ方の周りに豊かな対話の場面が増え、冷えきったり分断が生まれたりしている関係に温かなつながりが一つ、また一つと生まれることをイメージして筆を進めていきます。

渡辺　道治

第1章　子どもの「欲しい」を感じ取る

第2章

子どもや保護者の「欲しい」を創り出す

第3章

対話力の基本は「プレゼント力」

第4章

教師自身の「在り方」を整える

第5章

相手や状況によって微修正ができる「即興力」

第1章

子どもの「欲しい」を感じ取る

不登校の原因が特定できないAさんの話

小学校3年生のクラスを担当した時のことです。

そのクラスにいた一人の女の子、名前を仮にAさんとしましょう。

Aさんは、低学年の時に不登校の状態にあり、長期欠席が頻発していた子どもでした。

加えて、度重なる家庭内での暴言・暴力などにお家の方は悩んでいました。

そうした状況の中で、3年生から私が担任になりました。

Aさんは4月の最初こそ登校できたものの、その後わずか数日間で再び欠席が続くようになりました。

私は、その欠席の間に、Aさんの状況をより詳しく把握しようと努めました。彼女が一体何を求めているのか、何を欲しているのかを知りたかったのです。

というのも、低学年の時も、学級での様子に特段難しそうにしている様子は見られなかったからです。

担任の先生も大変お力のある先生で、学級の状態もとても安定していました。

Aさんも学校に来てしまいさえすれば、調子よく勉強に取り組んだり、友だちと楽しそうに遊んだりする姿も見受けられていました。

でも、何かの拍子に「学校に行きたくない」となるとそこから欠席が続くようになるのです。そして、家庭内での暴言や暴力が起きてしまうのでした。

こういう子どもは、意外と多いのではないかと思っています。

「何か特別な問題」があって「行きたくない」となるのなら、問題を改善するためにこちらもアクションを起こせます。

しかし、「原因が特定できない」場合は、対応が非常に難しいです。

何に取り組めばいいか、どこから手を付けていいかがわからないからです。

3年生が始まってからの数日間も、Aさんは非常に調子よく学校生活を過ごしていました。

クラスでの勉強にも前向きに取り組んでいましたし、友だちと楽しく笑い合う姿も幾度も見られました。

けれども、数日経つと再び欠席が続くようになったのです。

自分を捨て、相手になりきる感覚でイメージし、仮説を立てる

その時の私は教職7年目、年齢は28歳でした。

対するAさんは8歳。

当たり前のことですが、学校における教師と子どもとの間には大きな年齢差があります。当時は若手だったとはいえ、私とAさんの間にも既に20歳もの年齢差がありました。

さらには、性別も違います。これも当然のことですが、異性より同性のほうが相手に共感しやすいのは言うまでもありません。また、子どもからすれば「男の先生は怖い」というイメージを抱いている子どもも少なくないため、Aさんとの対応ではそのハンディキャップも頭に入れておく必要がありました。

さらには、育ってきた環境も当然ながら私とAさんでは大きく違います。家族関係、兄弟関係、また乳幼児期をどのように育ってきたかという点は、その子どもの成長における環境要因としては非常に大きなものがあります。

そうした年齢差や性別差、さらには環境差も乗り越えて、私はまずＡさんが真に求めているものは何かを考えました。

イメージでいえば、自分をいったん捨ててＡさんになりきるような感覚です。28歳の成人男性が８歳の女の子の感覚に近づいていくためには相当な想像力と共感力が必要です。

私は、前担任から引き継いでいることや、お家の方から既にうかがっていた話、また、３年生が始まってからの数日間でのＡさんの様子などを頭に思い浮かべながら、いくつかの仮説を立てました。それは、次のものです。

- Ａさんが求めているのは、物や活動ではなく**「承認」**である。
- その承認とは、40人の中で周りの子どもたちと一緒に与えられる「通常の承認」ではなく「特別な承認」である。いわば**特別扱い**である。
- 学校において、その「特別な承認」が得られるようになれば、不登校状態から卒業することができるのではないか。

なぜこのように考えたのかという詳細は書くことはできませんが、当時の私が想像力や共感力をフル稼働して考えた結果がこの３つの仮説でした。

合っているかどうかは試してみなくてはわかりません。
私は、Aさんが次に登校してくる、その時を待ちました。

トクベツなヒミツのマークが登校のきっかけに

しばらくたってから、久しぶりにAさんが登校してきたので、私は時間をとって2人で話すことにしました。今でも鮮明に覚えていますが、その時に次のようなやり取りを交わしました。

ちなみに話した場所は、教室の近くにある特別教室の一角です。

新学期初めに接した感覚でも、私はまず嫌われてはいないことを確信していたので、2人で静かな場所で話すことにしました。

私　久しぶりにAさんに会えて嬉しいなぁ。元気にしてたかい?

Aさん　うん（元気いっぱいという感じではないが、にっこりと頷く）。

私　あのね、この前聞き忘れてたんだけど、Aさんは何か好きなものはある？

Aさん　好きなもの？

私　うん、物でもキャラクターでも、なんでもいいんだけど、何か好きなものがあったら教えて欲しいなぁと思って。

Aさん　えーとね、私ひまわりが好き。

私　へーそうなんだ！　どうしてひまわりが好きなの？

Aさん　だってね、私夏生まれだから。ひまわりは夏のお花だから、私好きなんだ。

私　そうかぁ、すてきな理由だね。あのさ、先生ちょっと考えたんだけど、Aさんが来て、クラスのほかのみんなも来て、3年1組の教室が全員そろっているってやっぱりすごく嬉しいんだよね。で、その嬉しい気持ちを特別なマークでお祝いしたいって思っているんだ。

Aさん　マークって？

私　うん、今、先生毎日学級通信を書いているでしょ。で、そのタイトルの上のところに、全員がそろった日には特別にひまわりマークをつけてみようかなと思って。

Aさん　うん（この時点ではまだよくわかっていない表情）。

私　で、このマークは特別だから、先生とAさんだけのヒミツのマークにしておいて欲しいんだよね。ひまわり付きの学級通信を配ったら、ほかのみんなは多分「えっ、なんで今日はこのマークがついてるの？」って騒ぎ始めると思うんだけど、これはヒミツだからみんなに教えちゃだめだよ。先生とAさんだけのヒミツのマーク。みんながザワザワしても、ニコニコしながらナイショにできる？

Aさん　できるできる！（意味がわかったらしく満面の笑みを浮かべる）

私　じゃあ、先生とAさんだけのヒミツね。（指切りげんまんをする）通信にひまわりが咲く日が楽しみだなぁ。よし、教室に戻ろう！

Aさんは、とてもいい表情で教室に戻っていきました。この時点では、一連の仮説や対応の効果は未知数です。どれだけ自分の言葉や対応が届いたのか、また響いたのかは、その後のAさんの行動で判断しようと思いました。

翌日。Aさんは、元気に登校してきました。

次の日も次の日も、笑顔で学校に来るようになりました。

そして、学校を休まなくなりました。

ひまわりが咲くことを楽しみに、毎日登校できるようになったのです。

学校にプラスの重りを

もちろん、ひまわり以外にも何らかの要因が加わったことも考えられますが、それまでは明らかに不登校状態が続いており、この日を境にAさんが休まなくなったのは確かな事実です。

そして、そのきっかけとなった「ひまわり」は、Aさんとの対話の中から生まれてきたものでした。

このAさんのケースを、いくつかの観点から分析してみます。

たとえば、不登校の話は、「天秤の法則」で語られることがあります（『メリットの法則　行動分析学・実践編』（奥田健次、集英社新書、２０１２年）という本に詳しいです）。

グラグラと揺れる天秤に「家にいる時」と「学校に行く時」の２つの皿が乗ってい

るところをイメージしてください。その天秤は心の中にあり、皿の上にはプラスの重りとマイナスの重りが乗っているとします。

皿はプラスが多いほど重くなり、マイナスが多いほど軽くなります。では、次の子どものようなケースで考えるならば、天秤の皿はどちらに傾くでしょうか。

【学校に行くと】

+：仲良しの友だちがいる

−：意地悪なクラスメイトもいる

−：教師が授業中によく怒っている

−：勉強がよくわからなくてついていけない

−：嫌いな給食でも残さず食べなくてはいけない

−：久しぶりに行くと休んだ時のことをあれこれ尋ねられる

【家にいると】

−：お母さんから欠席したことについて小言を言われる

+：テレビゲームを自由にできる

+：普段は見られないテレビ番組を見ることができる

＋：好きなまんがを読みたい時に読める
＋：好きな時に好きなものを食べることができる
＋：時々お母さんと一緒に買い物にも行ける

迷うまでもなく、天秤はすさまじいスピードで「家」に傾くでしょう。

あえて極端な例を書きましたが、学校と家庭においてこれだけの環境差がある場合は、「学校」に天秤が傾くのは非常に難しいです。

家にいる時に自分にとっての好ましい要素が多すぎるからです。ゲームができて、テレビも見られて、好きなものが食べられて、お出かけもできる。これでは一種のアミューズメントパーク状態です。

この例ほど極端ではありませんでしたが、Aさんの場合も少なからず似たような状況が生じていました。学校にそれほどプラスの重り（行動分析学では「好子」といいます）が多くなく、反対に家には多くのプラスが存在していました。

このような場合は、まず「環境調整」に取り組む必要があります。欠席して家で過ごす時の「好子」を減らしつつ、学校での「好子」を増やしていく方法です。

そのプラスの重りを増やしていく方策の一つが、学級通信のスペシャルマーク作戦でした。

プラスの重りを連鎖的につなげる

この学級通信におけるマークの取り組みは、「トークンエコノミー法」と呼ばれる応用行動分析学の手法を応用したものです。

トークンとは、「貨幣の代用」という意味。

金銭的な報酬ではなく、それに代わる何らかの価値を渡すことで目標となる行動を引き出していく方法です。

具体例でいえば、飲食店などで渡されるポイントカードがイメージしやすいでしょう。「1回のお食事ごとに1ポイントをプレゼント！　10回お食事をすると○○をサービス！」のようにポイント（トークン）を渡すことで、「店に通う」という行動を強化する方法です。

つまり、店に行って食事をするという行動におけるプラスの重りを増やしたのです。

このトークンエコノミー法を実施する時は「さじ加減」が特に大切です。

どの程度のハードルを越えたらご褒美（報酬）に辿り着くか。そして、そのご褒美が自分にとってどれだけ価値のあるものか。このあたりのさじ加減が不適切だとうまくいきません。

私は、Ａさんにとって「価値あるご褒美」を創り出したいと思いました。そのために、まず対話の中で「好きなもの」を問うたのです。

これは「趣味や嗜好を問う」というかかわり方です。人は自分の好きなものを語る時は、陽気になりやすいものです。そして、饒舌にもなりやすいものです。

実際に、Ａさんにこのことを尋ねた時も、その対話の中では一番饒舌に、そしていい表情で自分のことを語り始める姿が見られました。

自分の生まれた季節にまつわる「ひまわり」というすばらしい答えが聞けた時には、心の中でガッツポーズをしたものです。

あとは、引き出した価値をどのような形で届けるかです。

たとえば、ポイントカードのようなものを作ってひまわりのハンコを押す方法もありましたし、それをシールにする方法もありました。

ですが、私はこの時、トクベツなヒミツのマークという方法をとりました。

理由は、せっかく引き出すことができたひまわりというプラスの重りの価値を最大限に活用していきたいと考えたからです。

先の仮説に照らして言うならば、Aさんが求めているのは特別な承認です。

その特別感を引き出すために打てる方法の中で、最も効果が高いと判断したのが学級通信を活用するやり方でした。

通信が配られるたびに、教室はザワザワします。

「このひまわりマークの意味って何？」

「ついている日とついていない日があるぞ」

「先生、教えてよー!!」

そんなふうに教室がザワザワするたびに、Aさんは私の方をチラチラ見ながらニコニコ笑うのです。それが、ひまわり付きの通信を配るたびに教室で起きました。

私は時折、ほかの子にはわからないようにAさんに向けて手でオッケーサインをつくって送りました。

「ちゃんとナイショの約束が守れているね」という意味のサインです。それを見て、またAさんは笑顔を浮かべるのでした。

「原則」を把握した上で子どもにあわせてカスタマイズしよう

低〜中学年の子どもたちが大好きな言葉があります。

たとえば、「特別」。さらに、「内緒」や「秘密」。

ほかにも、「スペシャル」「スーパー」といったカタカナ語も人気があります。

これらの言葉に含まれるどこか特別な響きが、その年齢の子どもたちにワクワク感をもたらすのでしょう。

とはいえ、高学年や中学生以降においては、これらの言葉の有用性はそれほど高くはありません。

つまり、万能の言葉はないけれど、ある一定の発達段階において響きやすい言葉が存在するということです。

たとえば、１９８９年に「おとなのふりかけ」という商品が発売されました。

私が小学校1年生の頃です。

普段私は、特にふりかけを好んで食べるタイプではありませんでしたが、永谷園の

「おとなのふりかけ」のＣＭを見て、無性にそのふりかけが食べてみたくなった記憶があります。

調べてみると、この商品は、「ふりかけ消費者が12歳を境に急激に減少する」というデータをヒントに、どの世代にも満足できるふりかけをつくろうというコンセプトのもと、販売されたものだそうです。

子どもが大人を真似するＣＭが話題となり、「おとなのふりかけ」はヒットしました。屈指のロングセラー商品となり、「食品ヒット大賞」も受賞しました。

この事例からわかるのは、「いつの時代も、子どもは背伸びして大人と同じことをしてみたいもの」だということです。

この理論が当てはまりやすいのは、低学年よりも、より「大人」というものを強く意識する思春期が近くなってきた頃だといえるでしょう。

大人になるまでの猶予期間であるモラトリアム期において、「あなたは大人になったね」「違いがわかるんだね」のような言葉は特に響きやすいものです。

もちろん、かなり低年齢の頃から大人びている子どももいますし、思春期が近くなっても「トクベツ」や「ナイショ」に大喜びする子どももいます。

要は、それぞれの発達段階における「一定の言葉の嗜好」について知った上で、あとはその子どもの特性を見ながら、随時カスタマイズして言葉を渡していくのが大切だということです。

タイミングと対象と伝え方を見極める

内容を吟味しカスタマイズすれば、あとはただ渡せばいいかというとそうではありません。言葉の中身と同じか、それ以上に大切なのが「タイミング」と「対象」と「伝え方」です。

たとえば、相手のことを認めて称える「ほめ言葉」。言われた相手は嬉しいもので、たいてい気分がよくなると思われがちですが、実はそうではありません。

どれだけそのほめ言葉の中身がすばらしくても、タイミングを逃してしまったり、対象を間違えてしまったりすると、効果は半減します。半減するどころか、逆効果になってしまうものもあります。

教育学におけるいくつかのエビデンスや、応用行動分析学における知見などを加味すると、ほめ言葉の渡し方に関しては、次の4つが重要だということがわかってきました。

- 時間を空けるよりも、すぐに。
- 結果ではなく、原因に。
- 1人からではなく、複数から。
- 直接ばかりではなく、間接的に。

このあたりは、拙著『心を育てる語り』（東洋館出版社、2022年）に詳しく収録しましたので、ぜひそちらを読んでいただければと思います。

また、言葉のチョイスだけでなく、「物」における嗜好にも当然年齢によって違いが生まれます。『「学力」の経済学』（中室牧子、ディスカヴァー・トゥエンティワン、2015年）には、「子どもたちにとって効果的なご褒美」について、次の文章が載っていました。

シカゴ大のレヴィット教授らが行った別の実験では、ご褒美として、お金のかわりにトロフィーが用いられました。トロフィーといってもたいしたものではなく、約４００円という安物でした。しかし、小学生に対しては４００円のお金よりも、同額のトロフィーのほうが大きな効果があったことがわかっています。この実験からもわかるように、子どもが小さいうちは、トロフィーのように子どものやる気を刺激するような、お金以外のご褒美を与えるのがよいでしょう。一方、同じ実験で、中高生以上にはやはりトロフィーよりもお金が効果的だったことも分かっています。

言葉だけでなく、渡すものの種類や渡し方を工夫することで相手が感じる肯定メッセージの価値は何倍にも膨れ上がります。

渡すものなら言葉、文章、表情、仕草、クリップ、メダル、トロフィー、賞状、ポイント、シール、はんこ……。渡し方なら、直接的、間接的、個人に対して、チームに対して、衆目の中で、個人的にこっそりと、電話で、手紙で……。

相手の年齢や性格、行動、役割に合わせ、ピッタリの中身や渡し方は何かを感じ取れたならば、相手との対話はますます円滑になり、そして豊かな関係が築けていくことでしょう。

「シンパシー」と「エンパシー」の違い

Aさんの事例においても、趣味や嗜好を尋ねたり、普段の様子を観察したり、前年度までの事例から類推するなどして、相手の「欲しい」を感じ取ろうとしたことが確かな関係を築いていく上での第一歩となりました。

感じ取る（正確には相手になりきったつもりでイメージする）際に重要なのが、「共感する能力」です。

共感すると一言で言っても、その力にはいくつかの段階があります。

たとえば、シンパシーという言葉があります。

その他に、エンパシーという言葉もあります。

どちらも「共感する」という意味合いを含んだ言葉ですが、共感する程度に若干違いがあります。試しに、エンパシーという言葉を辞書で引いてみました。

> エンパシー【empathy】感情移入。人の気持ちを思いやること。［補説］シンパシー（sympathy）は他人と感情を共有することをいい、エンパシーは、他人と自分を同一視することなく、他人の心情をくむことをさす。（『デジタル大辞泉』小学館）

「シンパシー」は、「共感、感情の共有」という意味です。

一方、「エンパシー」は、「共感、感情への移入」という意味です。

これら2つの言葉は、共感に至るまでの流れに違いがあります。「シンパシー」は他人と気持ちを共有する「自然な感情の動き」を表す言葉です。

一方、「エンパシー」は他人に自分を投影し、その人が何を考え、どう感じるのかを深いところまで想像する力を意味する言葉です。

たとえば、大勢の人の目が集まる中で誰かが転んだ場面を想像してください。ふと見ると、その人の膝には擦り傷ができて血が出ていたとします。

この時の、「うわぁ、痛かっただろうなぁ」という共感がシンパシーです。感情の共有が思わず生まれた状態です。

それに対して「痛かっただろうし、きっと恥ずかしかっただろうな」と相手の感情の動きまでを想像して感じ取るのがエンパシーです。

まさに感覚としては「相手になりきる」というイメージに近いでしょう。

ほかにも戦争や災害の報道を見て、「大変だろうなぁ」と感じるのがシンパシー。

一方で、どれだけ大変な状態なのか、どれほど辛い状況なのかを相手になりきって想像するのがエンパシーです。

つまり、「シンパシー」は感情の動きによるもの、「エンパシー」は知的な思考の作業によるものだといえるでしょう。

先にも伝えた通り、子どもたちとの対話を図る上では、年齢、性別、成育環境など相手との間に大きな違いがある場合がほとんどです。

だからこそ、このエンパシーの力を豊かに発揮し、相手が真に求めることを感じ取ろうと努めることが大切です。その知的な思考作業の先に生まれたのが、ひまわりの仮説だったということです。

感じ取ろうとし続ける中で磨かれる自身の「在り方」

ここまで、「子どもの『欲しい』を感じ取る」ことについて、Aさんの事例をもとにしながら、対話の中で私が特に意識していることを書き連ねてきました。

重要な項目を改めて列挙していきます。

①　相手の状況や立場を可能な限り把握すること
②　共感力をフル稼働し、相手が求めているものについて仮説を立てること
③　年齢や性別に応じた響きやすい言葉の傾向をある程度把握しておくこと
④　傾向を把握した上で、相手の好みに合わせて内容をカスタマイズすること
⑤　言葉の内容だけでなく、渡すものの種類や渡し方を工夫すること

この５つ全てが対話をする中で非常に重要ですが、これらはいずれも極めて難しい営みだといえます。なぜなら、どこまで相手に寄り添おうと努めたとしても、自分が相手になることは不可能だからです。

わかり合えたと思っても必ずズレがあるのが人間ですし、完璧に共感することはそもそも実現できないことだといえるでしょう。

私もこれまで幾度の失敗を経て今日に至りますし、相手の求めるものを感じ取ることはなんと難しいのだろうかと今も葛藤を続ける毎日です。

ただし、その感じ取る力は、意図的な努力によって一定程度磨かれることもまた確かであると確信しています。

なぜならば、先のAさんの事例のように、指導の中での対話がうまく展開される確率が年々上がってきたからです。初任の頃と現在では、その確率には天と地ほどの開きがあります。しかも、年を重ねれば重ねるほど困難なケースでも対話が成立するケースが格段に増えてきました。

それは、うまくいかなかった対話の失敗例を分析したり、どうすればあの子どもに届く言葉が出せたかを考え続けたりと、日々思考を続ける中でアンテナの精度が上がり、相手の感覚や感情にチューニングが合いやすくなっていったからだと感じています。

思い返せば、対話がうまくいったケースよりも、どちらかといえばうまくいかなかったケースから私は多くのことを学びました。

対話の失敗事例に学び、相手の求めるものを感じ取ろうとし続ける中で、ゆっくりですが、着実に対話力は磨かれていきます。

そして、相手の心の声に耳を傾けようとする中で、自身の対話における姿勢に変化が生まれていくことも大きなプラスを生むのだろうと思います。

自分に寄り添おうとし続けてくれる人の言葉は、自然と届きやすく、また響きやすくなることはごくごく自然なことであるといえるでしょう。

第2章

子どもや保護者の「欲しい」を創り出す

「ニーズ」とは？

第1章では「『欲しい』を感じ取る」ことについて書きました。

第2章ではこの「欲しい」という感覚そのものについて、詳しく見ていきます。

「欲しい」に類する言葉でいえば、たとえば「ニーズ」があります。

ニーズとは、何かが不足している状態から沸き起こる欲求のことです。

マーケティングにおいては、「その不足している部分を補いたい！」という状態・心理が「顧客のニーズ」と呼ばれています。

たとえば、「たまには気分転換がしたいので、旅行に行きたいなぁ」と感じた場合、前半部分の「気分転換がしたい」がニーズになります。

ほかにも、「子育ての不安を解消したいので、相談に乗ってほしい」という場合は、「不安を解消したい」がニーズとなります。

欲求が満たされていなかったり、安心・安全が満たされていなかったりする時に起きるのがニーズであるということです。

また、ニーズは次の2つに分類できます。

・顕在ニーズ
・潜在ニーズ

顕在ニーズは「自分自身で気づいているニーズ」を意味します。

先ほどの旅行の例でいうと「気分転換がしたい」が該当します。

顕在ニーズは自分自身も言語化できていることが多いので、周りからも察知されやすいのが特徴です。


一方、潜在ニーズは「自分自身が気づけていないニーズ」を意味します。

先の旅行の例でいうと、「最近いつもの調子が出ないけど、なぜだろう?」といった状態が考えられるでしょう。


子育ての例ならば、「あの子の様子がいつもと違うんだけど大丈夫かしら?」といった疑問を感じている状態などが考えられます。


つまり、ニーズとは比較的あいまいでぼんやりしたものなのです。

潜在ニーズに至っては、自分自身で言語化すらできていないわけですから、それを感じ取ったり把握したりするのは簡単なことではありません。

「ウォンツ」とは？

「ウォンツ」は、ニーズのような抽象的な欲求ではなく、より具体的な欲求のことです。先ほどの旅行の例なら、「旅行に行きたい」がウォンツ、子育ての例なら、「相談に乗ってほしい」がウォンツです。

ニーズでは漫然と何かを欲している状態でしたが、ウォンツになると手に入れたいもの、体験したいことが具体的になるのが特徴です。

ぼんやりとしたニーズから、確かな形のウォンツへ。

この変換を経る上で有効な一つの方法が「呼び水」です。ニーズがありそうな人に「何かお子さんのことで気になっていることはありませんか？」と呼び水を向けると、ニーズが顕在化してウォンツに変わる可能性が高まります。

発見したウォンツに対して、適切なプレゼントができると、相手の心や気持ちが満たされる可能性は格段に高まるでしょう。

そのためには、相手のことをよく観察し、共感力を発揮しながらどんなニーズがあるだろうと想像していくことが大切なのです。

一方で、ニーズを察知し、ウォンツに具現化できればそれでひと安心かというと、実はそうでもありません。相手の求めるままにプレゼントを渡したとしても、「満足」や「喜び」が生まれるとは限らないからです。

ウォンツは間違える

つまり、具体的なウォンツを叶えることが１００パーセントの解答とはならないことがままあるということです。

もう少しいえば、ウォンツはたびたび間違えるのです。

自分自身でそれを欲していると確信している時でさえ、もっと別の形で渡されたプレゼントのほうが遥かに大きな喜びを生むことは少なくありません。

「旅行に行きたい」というウォンツを持っている人に対しても、自然豊かな隠れ家的な旅館を提案するのと、痛快なアトラクションをセットにした観光スポットを提案するのでは、もたらされる価値がまるで違います。

そして、「旅行」以上の価値を相手に届けられる選択肢もまた、確実に存在するのです。

そもそも、根源的なニーズは「気分転換がしたい」なのですから。日帰りで温泉に入る選択肢もあるでしょうし、シンプルにショッピングに行く方法もあるかもしれません。

そもそも外出すらせずとも、小説を読んだり、映画を観たり音楽を聴いたり、気分転換ができる方法は無数にあります。

「子育ての相談に乗ってほしい」というウォンツの場合も、相談に乗りさえすればいいかといえばやはり答えはＮＯです。具体的なアドバイスを求めている場合もあれば、ただただ寄り添いながら話を聞いて欲しい場合もあります。

そして、最も欲してやまないのは、「子育ての不安を解消したい」ですから、相談に乗らずとも満足や喜びに至る道も存在するわけです。

ここを取り違えてしまうと、「相談に乗ったのに不満が解消されなかった」とか、「せっかく旅行に行ったのに結局疲れだけがたまってしまった」のようなあべこべな結果が生まれることも少なくありません。

ウォンツからニーズを探ること

つまり、相手の満足や喜びが生まれるためのプレゼントを贈るには、ウォンツからニーズを探る方法を知っておくことが大切です。

第1章で紹介したエピソードを思い出してください。

「学校に行きたくない」というAさんのシンプルなウォンツを叶え続けたとしたら、恐らく彼女は学校に来られなくなっていたでしょう。

そこで私は考えたのです。彼女が本当に求めているニーズとは何か、をです。登校した時の表情や様子を見ていても、学校に特段のマイナスがないことは容易に想像がつきました。

では、彼女が求めてやまないのは何か。

言語化はできていなくとも、必ず根源的なニーズがあるに違いない。

その思考の末に至ったのが、「特別な承認」であり、「集団の中での特別扱い」だったわけです。

「学校に来ないで家にいる」という彼女のウォンツに対して、私は「学級通信の秘密のマーク」というプレゼントを渡して大きな成果を得ることができたわけですから、いかにウォンツの真偽が不確かであるかがおわかりいただけると思います。

つまり、ウォンツは代替可能なのです。

ですから、相手の求める具体をうのみにせず、その奥底にどんなニーズがあるかを探ることが大切です。それを探し当てた時は、相手の求めているものとは違うプレゼントを準備することができるようになります。

これが、「欲しい」を「創る」上での基礎的な力となります。

不適応行動を引き起こすBくんの話

ここからは、Aさんとは別のBくんの事例を紹介しましょう。

なお、本書において紹介するエピソードの全ては、個人が特定されないように修正を加えていますが、元にあるのは全て私が体験してきた実話です。

学校や教室において、同様の事例を体験されたことがある方も多いと思いますので、ぜひご自身の担当されているクラスや子どもたちの姿を思い浮かべながら読み進めていただければと思います。

Bくんは、私が受け持つ前の年には学級崩壊の中心にいた子どもでした。具体的な姿を列挙すると、次のような様子が学校で見られました。

- 学習中における立ち歩き（離席、飛び出し等）
- 怒りをコントロールする難しさ（かんしゃく、泣き叫び等）
- 他害行動（友だちへのちょっかい、暴言、暴力等）
- 教師（大人）への反抗的な態度（暴言、故意に物を壊す等）

当時の様子を拙著『生徒指導の「足並みバイアス」を乗り越える』（学事出版、2022年）に書きましたので、引用します。

> 授業中に立ち歩き、物を投げたり、友だちを叩いたり。
> Bくんは学年がスタートした頃から様々な不適応行動を繰り返しました。そのたびに、
> 「ちゃんと座りなさい」
> 「授業中は話を聞かなきゃダメでしょ！」
> 「いいかげんにしなさい！」
> 「暴力はダメだってなんで分からないの！」
> と思いつく限りの言葉で担任が指導しました。

語気を荒げ烈火のごとく叱ってもみました。

しかし、効果は見られませんでした。むしろBくんの様子は日ごとに悪くなりました。

パニックになって周囲に当たり散らすようになり、担任はその対応で授業を進めることができなくなってしまいました。

仕方なく、担任外の先生や管理職の先生に入ってもらうことに。

しかし、それでも荒ぶるBくんは止まりません。

隣のクラスの先生が叱っても、教頭先生がなだめても、校長先生が話してもその指導は入りませんでした。年齢の近い学生ボランティアの方が接してもダメでした。いろんな大人が入れ替わり立ち替わり指導しますが、行動が改善していく様子はありません。

その内、Bくんにつられるように、クラスの他の子たちも不適応行動を繰り返すようになりました。クラスは、荒れていきました。

担任は保護者にもたびたび連絡を取りました。

「今日はこんなことがありました。ご家庭でも指導してください。」

そんな連絡が何度も家庭に入りました。

それでもBくんに改善の様子は見られません。ついには教室を飛び出すようになり、物を壊したり、学校から飛び出す事態にもつながりました。

学校では手に負えなくなってしまい、保護者の方に迎えに来てもらって強制的に下校させる事態が何度か起きるようになりました。

事態を重く受け止めた学校は、保護者の方に学校に来てもらい、話し合いの場をもちました。そしてＢくんに特別支援学級への転籍を打診しました。
しかし、保護者の方はこれを頑なに拒否。学校への不信感を募らせていきました。

担任の先生は非常に熱心に対応されていましたが、事態が改善することはなく、また保護者の方とも関係が冷え切ってしまう事態となりました。

先に紹介した著書では、「子どもへの対応」にスポットを当てましたが、本書では「保護者の方への対応」にスポットを当てていきます。

当時の担任の先生が、その時にされていた主な保護者対応は次の通りです。

- Ｂくんの不適応行動について幾度も電話で連絡を入れ、指導を促す。
- 実際に学校に来ていただき、学校でのＢくんの様子を見てもらった。
- Ｂくんの特別支援学級への転籍を打診した。

いずれも熱心に指導に取り組む中での一連の対応でしたが、いずれも保護者の方に届きませんでした。届かないどころか、学校や教師への不信を募らせ、関係に大きな亀裂を入れてしまうことになってしまったのです。

一体なぜ、このような事態になってしまったのでしょう。

自分の願いはいったん脇に置き、相手の願いに思いをはせる

担任の先生としては当時、いろいろな願いが渦巻いていたことでしょう。

クラスの状況を安定させなくてはいけない。

そのためにBくんの状況を何とか改善させなくてはいけない。

そのために保護者の方にも家で指導してもらわないといけない。

痛いほどの願いを抱えていたからこそ、必死に対応したはずです。

しかし、それが空転してしまう悲劇が起こってしまいました。

それはなぜか。いくつかの理由がありますが、そのうちの大きな一つが「してもらう」ことばかりを相手に求めてしまったことにあります。

相手が求めていることは考えずに、保護者の方にあれをしてもらいたい、これもしてもらいたい、そうした願いを一方的に渡し続けて（ぶつけ続けて）しまったことで、関係が崩れてしまったのでした。

ここで大切なのは、「保護者の方の協力」が本当に欠かせないとするならば、それ

を貫えるようにするためには相応の手順を踏む必要があったことです。

そのためにはまず、自分の願望はいったん脇に置いて、相手が何を求めているのかを真剣に考えることが大切です。

では実際にこのＢくんのお母さんは当時どういう状況だったのか、読者の皆さんも一度想像してみてください。

まず間違いなく、お母さんは「困っていた」はずです。

毎日のように電話がかかってきては家での指導を求められていた状況。

学校にたびたび足を運んではＢくんの様子を見に行くことも求められました。

このような状況で困っていないわけがないですし、何とかこの状況を改善したいとも思っていたはずです。

つまり、たくさんの満たされていない状況、ニーズがそこにはたくさん存在したとみることができます。

しかし、そのことを前向きな形で表出することはできませんでした。

学校からの連絡のたびに態度を硬化させ、支援学級への打診も頑なに拒否するまでになってしまったのです。このように、「相手もこの状況に困っている」「何とかこの状況を改善したいと思っている」というニーズが想像できると、自分にできることが少しずつ見えてくるようになります。

相手を喜ばせたいという「返報性の原理」

Bくんの家庭と学校の間には大きな亀裂が入っている状態のまま、私は次の年に担任を引き継ぎました。

私は、始業式を迎える前にいくつかの方針を立てました。当時の学級経営ノートから、大切な部分だけを抜粋します。

『Bくんへの当面の指導』

①　出会いの日にBくんを必ずほめる（できれば複数回）
②　ほめた内容をその日のうちに保護者の方にも伝える
③　出会いからの3日の間にできるだけ多く成功体験を積ませる
④　関係ができるまでの間（1か月程度）は原則Bくんを叱らない
⑤　指導は基本的に私が主となって行う

⑥　他者に害を与える、学校から飛び出る等の危険行動以外の逸脱行動については基本的にポジティブノーリアクションで対応する
⑦　どうしても指導が必要な場合は別室にて落ち着いた環境の中で行う
⑧　パニックに陥った場合はクールダウンスペースに移動させる
⑨　５月の教育相談にて保護者の方との連携体制の基礎をつくる
⑩　専門機関との連携については、保護者の方との関係ができてから探る

Ｂくんへの実際の詳しい指導は、先の著書『生徒指導の「足並みバイアス」を乗り越える』に書いてあるため、ここでは触れません。

保護者対応という面でみるならば、特に重要なのは②と⑨と⑩です。

私は、出会いの日にＢくんを必ずほめると決めていました。

そして、その内容を保護者の方にも伝えることも決めていました。

具体的には、「一筆箋」というものを活用し、その日のうちに保護者の方にＢくんのよかった点を書いて伝えたのです。文面は次のような内容です。

はじめまして。担任の渡辺道治と申します。スタートの今日、Ｂくんが新しい教科書を運ぶ仕事をすすんで手伝ってくれました。とてもすてきな姿でした。こうやっ

て誰かのために動ける姿がすばらしいねと学校で力強くほめたところです。ご家庭でもぜひ、ひと声ほめていただけると嬉しいです。今年度1年間、どうぞよろしくお願いします。

たったこれだけの、短い短いお手紙です。そのお手紙をBくんに渡し、「お母さんに渡しておいてね」とことづけておいたのです。

翌日、Bくんのお母さんからお返事が届きました。

そのメッセージが書いてある連絡帳を開いてみると、1ページ目のところに昨日私が贈ったばかりの一筆箋が丁寧に貼られていました。

綺麗に丹念に糊付けされている一筆箋を見ると、お母さんがどれほど嬉しかったかが伝わってくるような感覚を覚えました。

お返事のメッセージの中には、一筆箋への感謝の言葉と、昨年いろいろな難しいことがあってたくさんの迷惑をかけたことなどが丁寧な言葉で書き連ねられていました。その上で、「今年もたくさんご迷惑をおかけするかと思いますが、1年間、どうぞよろしくお願いします」と結ばれていました。

出会いの直後から、すてきなメッセージをいただくことができ、Bくんとの船出もこれ以上ないほどすばらしいものとなりました。

その起点となったのが、一筆箋という形でのプレゼントです。

相手から「もらう」ことを求めるのではなく、最初にこちらから「贈る」ことから関係づくりを始めたのです。するとその相手はそのお返しがしたくなります。

自分が喜ばせてもらったのだから、相手も喜ばせてあげたいという感覚が湧いてくるのです。これを返報性の原理といいます。

前の年に、最愛の我が子の問題行動ばかりを学校から伝えられて、お母さんとしてさぞかし辛い思いを抱いてきたことでしょう。

だからこそ最初に贈るメッセージは、前向きで希望に満ちたものでありたいと決めていたのです。

初日からこのような形でほめられるとは恐らく予想していなかったであろうお家の方が、どれほど喜び驚いたのかは想像に難くありません。

なお、私は一筆箋以外にも、教室で大々的にそのことを取り上げてほめるとともに、翌日に発行した学級通信でもＢくんの姿を取り上げて紹介しました。

「もらう」を実現したいなら「贈る」ところから。

すると「お返しに貴方にも喜んで欲しい」という前向きなニーズが相手の中に生まれやすくなっていきます。

続きを教えて欲しいと感じる「ツァイガルニク効果」

Bくんを担任してから3週間ほど経ち、個人面談の時期がやってきました。

当時の勤務校で採用していたのは、「希望制」の個人面談です。全員一律で行うのではなく、特に心配事や相談があるご家庭が申し込みをして実施する形を取っていました。Bくんのお母さんは、面談を希望されました。

この時点で、態度を硬化させていた前年度とは大きな変化が生まれていることがわかり、私は大変嬉しく思いました。

面談が始まり、この3週間のBくんの様子に話が及びました。

私は「できるようになってきたこと」と「いまだに難しさを抱えていること」の2つを、お母さんが受け取りやすい雰囲気をつくりながら伝えていきました。細かいことですが、こういう話をする時は、話の順番や雰囲気づくりも非常に大切です。

教室の入り口に来られたお母さんを面談の机までエスコートする時の表情、お互いに着席してから日頃の感謝を伝える第一声、ライトな話題から入り、相手にたっぷり話をしてもらって緊張を解くことなど……。

相手には決してこういう細かな点まで伝えませんが、机の角度や体の向き、日当たりや座る席の材質にも私はこだわります。

ある年は、面談の場所を選択制にしたことがありました。

通常通りの机・椅子を使うパターンと、教室の一角に作ってある和室スペースで畳に座って話すパターンのどちらかを選んでもらったのです。

その時は、クラス全員の保護者の方との面談がある年でしたが、面白いことに半数近くの方が和室を選ばれました。

互いに靴を脱いで畳に座り、リラックスした形で始まる面談。

最初の段階から予想外の会場に多くの方が笑っていました。

こんなふうに始まる面談が、ギスギスするわけがないのです。

教室の環境設計が大事なのと同じくらい、保護者の方と話す時の場づくりも大切だということです。

先の面談に話を戻すと、私はこの日、一つだけBくんのお母さんにお願いすることをあらかじめ決めていました。

そのお願いとは、「学校で起きたBくんの不適応行動について家でもよく指導しておいてくださいね」という類いのものではありません。

「家でしかできないこと」で、かつ「お母さんにしかできないこと」であり、さらに「現在の状況を改善する上で最も有効な手立て」をお願いしました。それは何かというと、「朝食習慣を整えること」です。

Bくんは、朝ご飯を食べてこないことが多く、ギリギリまで寝ていて遅刻スレスレで登校してきては、朝からイライラを爆発させることがありました。

その失敗体験を積んでしまうループを改善するために、朝食習慣を整えることが急務だったのです。

私は、次のような順番を経てお母さんに説明をし、お願いをしました。

- Bくんは朝一番にイライラして失敗体験を積む確率が高いこと。
- 朝食をとることで朝の生活のリズムが整う可能性が高まること。

- 不安傾向の強いＢくんには、イライラした際に癒しや安心を与える「セロトニン対応」が有効であること。（セロトニンとは神経伝達物質の一つ）
- ほめる、微笑む、見つめる、触る、話しかけるといったセロトニンを分泌させる対応により、落ち着きを取り戻せる場面があったこと。
- そのセロトニンは、トリプトファンという必須アミノ酸を分解して作られるため、「あらかじめ食べて摂取」しておかないと、適切に対応してもセロトニンが分泌されないこと。朝食はその意味でも非常に大切。

もちろん、朝食習慣を整えること以外にもご家庭でお願いしたいことはいくつかありましたが、この面談ではあえて一つに絞ってお願いをしました。

「他にできることはいくつかある」ことを暗に伝えた上で、「現段階で最も優先度が高いこと」という形で朝食習慣を整える取り組みを紹介したのです。

お願いしたいことが複数あるのにもかかわらず、あえてたった一つに限定したというところが大切なポイントです。

Ｂくんのお母さんは、

「わかりました。まずは朝ご飯ですね」

と非常に前向きに受け止めてくださり、以後、欠かさず朝食をとらせてくれるようになりました。

Bくんの様子は日を追うごとに落ち着きを見せるようになり、そのたびに、「朝食という一つ目のステップを乗り越えることができたのはお母さんのご協力のおかげです。ありがとうございます」

と電話や手紙でお礼を伝えることにしました。

生活面で着実に落ち着きが見られるようになり、Bくんの学校生活が順調に進むようになってきた頃、お母さんからこんな質問が寄せられました。

「先生、朝ご飯のほかに家庭でできることは何がありますか？」

お母さんの中では、一つ目の課題をクリアしたことによって、ほかの選択肢に目が向いたのでしょう。

最初の面談の時に、いくつかの選択肢の中からあえて一つに限定してお願いしたことで「家でできることはほかにもまだある」ということを覚えていてくださったんだと思います。

未完了の状態のほうが記憶に残りやすく、その欠けている部分を満たしたいと自然と思うものです。

全ての情報を渡しきってしまうのではなく、あえて限定し、未完了の余白を残すことで、新たなニーズを生み出していくことができます。

これは、授業の中でも大いに活用できるテクニックでもあります。

「今日は特別に、３つある答えの中から一つだけ教えるね」

「話が盛り上がってきたんだけど、チャイムが鳴ったのでここまで。続きはまた明日ね」

切り取り方を工夫するだけでも、相手の中に「欲しい」という感覚は容易に生まれていくものです。

悲劇の保護者会にしないために

授業参観の後に保護者会（懇談会）を開いている学校は多いはずです。

しかし、「この保護者会が苦手で……」という先生は少なくありません。

これまで私のところにもたくさんの相談や質問がきました。たとえば、次のような声です。

「どんな話をしていいかわからない」
「毎回雰囲気が重たくて盛り上がらない」
「自分だけが一所懸命話してしまうことが多い」
「参加されるお母さんたちの表情が硬くて怖い」

多くの先生が、「いい話をして参加される方々に満足して欲しい」と思っているにもかかわらず、そのニーズをうまくつかむことができずに苦慮していることが伝わってきます。それは、実は無理のないことです。

なぜなら、参加される保護者の方々の中には、そもそもニーズがない人たちが一定数いるからです。

「授業参観にだけ参加して保護者会を欠席したら印象が悪くなりそう」という思いで仕方なく参加している人もいるということです。

義理や体面のことを考えて参加している人からすれば、「話を聞きたい」という欲求があるわけもなく、むしろ「早く帰りたい」「短く終わって欲しい」という消極的な欲求が渦巻いている場合すらあります。

そこに、一生懸命話題を準備した教師が長時間話し続けると……。

保護者会の雰囲気がどんなものになるのかは、容易に想像がつくでしょう。欲求とプレゼントが完全にミスマッチを起こしている時間が、ただ静かに過ぎていくことになります。笑えるようで笑えない保護者会の時間を過ごしている学級は、恐らく少なくないはずです。

「欲しい」がたくさん生まれる保護者会

では、どうすればよいのでしょうか。

「早く帰りたい」という表面的な欲求を叶えるならば、保護者会自体をしなければいいのですが、恐らくはそうもいきません。

これも、実はやり方次第で「話を聞きたい」という欲求を生むことは可能です。私が実際に発行した学級通信から、引用する形で紹介します。

やや長めの通信ですが、この中には相手のウォンツを生み出す工夫がてんこ盛りです。読者の皆さんは、一体いくつ見つけられるでしょうか。

一昨日は参観日。懇談会でも、有意義なお話がたくさんできました。

今回の懇談会から取った方式は、「選択システム」です。

前回は、『スマホが学力を破壊する』について、お子さんの生活習慣の重要性について、エビデンスをもとにお話しました。

初回ですから、「最も重要な事項を」という思いで、私が主体となって話を進めたわけです。参加されたお家の方々が、熱心に聞いて下さり、私も大変嬉しかったです。

ただ、お家の方が聞きたい情報と、私が伝えたい情報は必ずしも毎回一致するわけではありません。

というわけで、聞きたい内容と伝えたい内容の一致を図るべく、「選択システム」を導入することにしました。

こちらが用意したテーマの中から、希望する内容について挙手してもらい、その数の多かったものについて皆さんで話し合う形式です。

今回は、テーマを13用意しました。こちらです。

①　勉強を促す際の「ご褒美」の是非について
②　「褒めて育てる」ことはいかなる場合にも通用するのか
③　ゲーム・インターネットはどの程度悪い影響があるのか
④　脳科学と食の関係
⑤　家庭学習教材選びのポイント

⑥　発達障害の基礎知識
⑦　思春期の４つの特徴
⑧　読書習慣を身につけるためには
⑨　３種類の記憶方法を学習に生かすために
⑩　中学校以降で必要な学習技能
⑪　「熱中期」について
⑫　「静かにしなさい」がダメな４つの理由
⑬　金銭教育のポイント

今回最も希望が多かったのは、７番。（９票が入りました。）

次いで、２番。さらに、ほとんど並ぶ形で、９番、10番、11番、12番が多めに票が入りました。というわけで、今回の懇談会のテーマは「思春期４つの特徴」についてということで決定しました。


まずは、簡単な情報共有です。

近くの方同士で、「思春期」についてお話をしてもらいました。

我が子のことで思っていること。上のお子さんの経験で感じたこと。上手くいっていることもいかないことも、皆さん笑いながら話し合っている姿がありました。

私一人が喋ってシーンとなっている懇談会ほど辛いものはないので（笑）、こんな風にみなさんで気軽に意見を交換しながら楽しく進められることが理想です。

その上で、数人にどんなことを話したのか発表してもらいました。そして、頂いた意見をもとに、この後思春期の特徴についてお話していきました。が、この日は修学旅行説明会も後に控えており、最終的に3つしかお話することができませんでした。（すいません！）

また、次回の懇談会でお話しできればと考えています。

他の票が入っていた項目についても同様です。

さらに、お話したいテーマ等があればということで、「気軽に一言」という感想用紙をお配りし、授業参観や懇談会、日ごろの学級通信へのご感想などもフリーに書いてもらうこととしました。

いくつか、紹介させていただきます。

「『目的と目標の違い』についての学級通信が特にためになりました。色々な時に使える内容でした。勉強をなんとなくやらなきゃいけないからやっている状態だったのが、どういう目的のために、どういう目標を立ててやっていくかを話すことができ、前向きに勉強するようになりました。ありがとうございます!!

前回の懇談で教えていただいた『「学力」の経済学』を読みました。ご褒美についてなど今まで勘違いしていたことも多く、ためになることばかりでした。また、色々な本について教えていただけるとありがたいです。」

あの通信は、ここまでの約200枚の中でも結構力を入れた号だったので、このように感想を寄せてもらうことが出来て、非常に感慨深いです。

「色々な時に使える内容」、私も全く同感です。が、今回はそうした内容は書かなかったので、通信の文章から豊かに解釈をしてもらえていることに更に感激いたしました。

行事の目的と目標。

勉強の目的と目標。

こうして、一体それをなぜやっているのかを突き詰めて考えていく習慣は、子どもたちだけでなく我々大人にも大切なことだと思います。

こうした思考の先には、少し大きな話ですが、人生の目的と目標があるのだろうと思います。子どもたちと一緒に、これからもあらゆる場面で目的と目標についてはしっかり吟味をしていきます。


「いつもお世話になっております。

初めて6年生の授業を見て、子どもたちの集中力に驚きました。

みんなが楽しそうに授業するので、これが学校生活が楽しくなった理由のひとつなんだと実感しました。これからもよろしくお願いします。」


正直に白状しますと、今回の授業参観は「授業」ではありませんでした。

「授業」という定義にもよるのですが、少なくとも私の中では授業ではなかったのです。

プレゼン、もしくは「報告会」と言った方が感覚としては近いです。

素材を羅列し、紹介したに過ぎなかったからです。

だからといって何があるわけではないのですが、今回あえて授業をしなかったのは、色々と思う所があったからです。

一つは、従来の「授業」にこだわらずともいいだろうということ。

もっと思考し、もっと活動し、もっと変容が起きるものでなければ授業では無いという感覚を持っているのですが、今回は素材が鮮度抜群だったため、そのような形式をやってみようと思いました。教師人生初です。

もう一つは、中国に行かせてもらっている間に、子どもたちをはじめお家の方々にも見える所・見えない所で様々にお世話になったであろうことを思うと、中国の事を紹介しないわけにはいかなかったのです。

あとは、単純に私が疲れていました。（笑）

実は今回の渡航で、教師になって初めて疲れを感じました。

しんどかったという意味ではないのですが、一週間クラスを空けて海外に行くというのは、想像以上の心的疲労をもたらすのだということが分かりました。

こんなことを書くと弱音を吐いてそうで嫌なのですが、事実は事実です。

だから、省エネで実施可能な内容にしたのです。

というわけで、私はこれっぽっちも力を使っていないので、高い集中力は全て子どもたちの力という事です。本当に嬉しく思います。


「教科書では学べないことを教えていただけることに感謝しています。6年生になって

からは本当に毎日楽しく学校に通えていて、親としてもとても嬉しく思います。
先生にすすめていただいた本も読み終えたので、『また次の本を紹介してもらう!!』と楽しみにしているようです。学校がまた楽しくなったことが本当に嬉しいです。」

最近は学級文庫の本を中心に、ダレン・シャンシリーズや若女将シリーズの人気に火がついてきています。

特にダレン・シャンは、大人が見ても「分厚っ！」と思うような厚さですが、その量をどうやら面白さが上回るようです。ぜひ、他にも色々と進めてもらえると、子どもたちの読書熱にさらに火が付きやすくなると思います。

特に大切なのは、身近な大人が面白そうに本を読むことだと思っています。

大人のすることは、いつの時代も子どもの興味を引きつけます。

（私も、家で笑ったり泣いたりしながら、本を読んでいます。）

そういえば、先日読んだ本にこんなキャッチコピーが載っていました。

「人生は、小学校で学んだことの復習だよ」

読んで、妙に納得しました。

言われてみれば、人生でぶつかることの壁は、ほとんどその乗り越え方を小学校の時に学んでいたような気がします。それば、勉強内容だけではないでしょう。

教科書に載っていることも、教科書に載っていないことも、人生の土台になるような学びが出来ることを、これからも目指します。

そうそう、先ほど『「学力」の経済学』についてのお便りにもあった通り、今度の懇談でもまた「母親文庫」の紹介をする予定です。

実は、本気で読書ソムリエを目指しているので、「こういう本が読みたい！」「本はよく分からないけど、こんなことで困ってる！」というのがあれば、またぜひ気軽にお声がけください。私自身が伝えられることは及ばずとも、その道のプロの言葉や文章を紹介できるようになっておきたいと思っています。

「〇〇は百人一首に全く興味がなかったのですが、今はとても楽しんで取り組んでいます!!　親から見ていると「苦手だから無理じゃない？」と思っていたことも挑戦させてみることの大切さ、子どもの可能性に気づくことができました。」

どこに、子どもたちの興味の種があるかは、本当に分からないものです。

今年の6―3を担当して、そのことを改めて感じました。

百人一首、三線やギターなどの楽器、ノートまとめ、討論、縄跳び…。

芽吹く瞬間も、持続の程度も本当にバラバラで、こうした様子を見ていると改めてみんな違うんだなぁとしみじみ思います。

日本は、その民族性や歴史的DNAから、ことさら「同じを求める」傾向があります。

違うことを恐れ、違うことに絶望してしまうことさえあります。

でも、誰一人として同じ人間はいません。

違って当たり前なのですから、「違いを認める」ではなく、「違いを楽しむ」くらいになれれば最高だとも思います。

その楽しむ中に、色々な可能性の芽が出てくる土壌ができるのかもしれません。

（学級通信へのお便りは、いつでも受け付けております。）

ウォンツを生み出す方法は山ほどある

いかがだったでしょうか。

紹介した通信の中から、相手の欲求を生み出す方法をたくさん発見できた方は、既に「欲しい」の生み出し方がわかってきているのかもしれません。

もちろん、「このやり方を丸ごと真似して欲しい」と考えているのではなく、相手のウォンツを生み出す方法や仕掛けは、実は山ほど存在するのだということを示したかったわけです。

自分で書いた通信を改めて読み返してみて、そこで使っている手法について列挙してみると、次のようになりました（「返報性の原理」や「ツァイガルニク効果」は既に紹介したので除外してあります）。

- 「バンドワゴン効果」（多くの人が支持しているものを私も欲しい）
- 「アンダードッグ効果」（弱みを見せて力を集める）
- 「損失回避の法則」（せっかくの機会を失いたくない）
- 「ザイオンス効果」（同じ物・人物に接触する回数が増えるほどに、その物・人物に対する好感度・親近感が高まりやすくなる）
- 「ハロー効果」（好感度の高い人が発する情報はポジティブに捉えられやすくなる）
- 「エンパシー&傾聴」（自分の話をもっと聞いて欲しい）
- 「当事者意識」を生み出す〝参加型〟の仕掛け（参加してつくり上げたい）

保護者会で話すテーマを選択形式にして投票してもらったことで、「たくさんの票が入った情報を私も聞きたい」という欲求が生まれます。

疲れを見せたり弱音を吐いたりすることで、「力を貸してあげたい」という感覚を持ってくださる方々もいます。

一度保護者会に出て「有益な情報が得られた！」という感覚が得られた人は、そのチャンスを逃したくないという欲求を得ることがあります。

保護者会に出たり、感想を届けたり、その感想にコメントを貰えたり、接触回数が増えると教師への親近感はおのずと増していきます。

その親近感や好感度の高い人が発する情報は、これまた自然とポジティブに受け取ってもらいやすく、「また聞きたい」を誘発する後押しとなります。

自分の話を十分に聞き切ってもらったり、受け止めきってもらった感覚が得られると、「また話を聞いて欲しい」という欲求が生まれやすいものです。

また、いつでも受け身の「受給者意識」からは批判やクレームが生まれやすいですが、自分自身がその場を創り上げる当事者になると、途端に積極的で前向きな参加の姿勢が生まれていくこととなります（なお、この「参加型の仕掛け」については、拙著『ＢＢＱ型学級経営』（東洋館出版社、２０２２年）に詳しく記しました）。

ほかにも、保護者会で話した情報をあえて学級通信には載せなかったり（隠すと人は見たくなるもの）、読書ソムリエのことを紹介しつつ「本を紹介して欲しい人はいませんか」という呼び水をさりげなく向けたり、百人一首の例から「思い込みを乗り越える楽しさ」の可能性を示唆したり……。

単純に「いい話を準備して一所懸命話そう！」と意気込むだけでなく、相手の「欲しい」を上手に創り上げながら、自分の贈りたいプレゼントを渡していく道は、実は無数に存在します。

Bくんのお母さんや保護者会でのアプローチの例から、ニーズを感じ取ったり、ウォンツを創り上げたりすることの楽しさや可能性を感じ取っていただければ幸いです。

第3章

対話力の基本は「プレゼント力」

人生初のふたクラス連続飛び込み授業

２０２２年3月11日。

私はある依頼を受けて、群馬県に向かいました。新千歳空港から羽田空港へ飛び立ち、その後は特急「りょうもう」に乗って一路太田市へ。

この日受けた依頼は、「飛び込み授業」と「講演」でした。

飛び込み授業とは、その日初めて出会う子どもたちに行う授業のこと。

それまでにも他府県で10回ほど実施経験がありましたが、この群馬での依頼が難しかったのは「ふたクラス連続」での飛び込み授業だった点にありました。

ひとクラスでの実施は何度もありましたが、ふたクラス連続での実施は私にとって初めての経験です。

最初にその依頼が届いた時、私は率直に受けるべきかを迷いました。

授業の実施自体には何の抵抗もありませんでしたが、「子どもたちの名前を覚えること」においてのみ、一抹の不安があったのです。

私は、これまで飛び込み授業を行う際には毎回全ての子どもたちの名前を覚えた状態で実施してきました。

名簿や写真を見て、繰り返し唱えたり呼名したりしながら、まだ会ったことのない子どもたちの顔と名前を覚えていくわけです。何のためにそれをするかというと、それはひとえに「出会いのプレゼント」を贈るためです。

飛び込み授業においては、実質子どもたちと接することができるのは、その授業時間だけです。じっくりと少しずつ関係をつくっている余裕はありません。

とはいえ、授業は子どもたちとの相互反応の中で共に創っていくものですから、限られたわずかな時間の中でも前向きな関係をつくっていきたいのが本音です。

その上で最もシンプルで効果が高いのが、「名前を覚える」ことなのです。

出会ったばかりの教師が、自分の名前を呼びながら授業を進めてくれたとしたら「えっ、なんで知っているの？」という驚きが多くの子どもに生まれます。「覚えてきてくれたんだ！」という感動が生まれる子どももいます。

人は、「自分に関心を寄せてもらえる」ことがとても嬉しいものです。

名前を覚えるという小さなアクションによって、子どもたちの元には関心という名のギフトが届くことになります。飛び込み授業のわずかな時間に子どもたちとの関係をつくっていく上において、これ以上の贈り物を私は知りません。

だからこそ、ふたクラス連続の実施だったとしても「名前を覚えること」が私の中では必須だったわけです。

しかし、これまでのひとクラス約30人を覚えるのとは違い、今回はふたクラス約60人です。一気に難度が増します。しかも、コロナ禍のためにマスクで半分顔が見えません。

その状態で60人の顔と名前を事前に覚え、大勢の参観者（県外から来られた先生方や読売新聞の記者の方もいました）がいる中で一度も名前を間違えずに授業をするというのは、私にとってまさに新境地の挑戦でした。

だからこそ受けるべきかどうかを最初は迷ったわけですが、結果的にこの新境地へのチャレンジが山ほどの学びを私に授けてくれることとなりました。

このような状況の中で行った飛び込み授業の経験は、第5章で述べる「即興力」を具体的に伝える上で絶好の素材となるはずです。

わずかな時間であったとしても、その日初めて出会ったばかりだったとしても、互いに前向きな関係をつくり、豊かに対話していくことは可能です。

当日参観に来られた先生方や、飛び込み授業を実施したクラスの担任の先生から寄せていただいたレポートを中心に群馬での授業を振り返っていきます。

出会いの刹那から即興力が幾度となく試される場面や、そこに至るまでに私がどのような準備を経ていったかを想像しながら読んでいただければと思います。

言葉を通して気持ちを届ける

まずは30代の男性の先生のレポートを紹介します。

群馬授業参観記

愛知県公立小学校　小胎　未輝仁

私は、授業会場である体育館に開始5分ほど前に着きました。

クラスは既に、「先生の名前当てクイズ」で熱気を帯びています。

それは、ただクイズをしているからではないことは一目瞭然でした。

なぜなら、初めて会う子たちの名前を呼び、発言したことを褒め、どんな内容でも認め、ユーモアを交えて笑わせていたからです。

子どもたちにとっては、いつもと違う体育館ステージで、校内外から参観者が複数おり、更には初めて会う先生の授業です。緊張や不安を抱えた子も多いでしょう。

始まる前から授業は始まっていました。参加できる空気ができていきました。

こうして、温かい雰囲気を作った上で本題の授業が始まりました。

私は、渡辺先生が口にする、褒めたり認めたり励ましたりする言葉に注目しました。2時間の授業で、私が確認できただけの言葉を列挙します。

「もう書いてる」「速いな、このクラスは動き出すのが」

「よし、〇〇君考えてる」「〇〇君のうなずきが先生に安心感を与えます」

「2つ書いている人がいる」「目利きが来てます」「えらいね」

「『贅沢』って読めたんだね」「なんて美しい答え」「早い」

「1つでもアイディアが出たら、スーパー小学生です」

「こ、れ、は…すごい！」「おめでとう！　正解！」「いい答えだよ」

「その通り！　正解！」「君たちは本当に小学生ですか？」

「これ書ける人いるんだね」「この考えは、あなたが初めて」

「とってもすてきな考え」「これで誰かが解決してくれるかもしれないね」

「すごいなこのクラス」「いい方法だ」「（小声で）あとでこれ発表して」

「このクラスすごいな、まだまだ出るよ」「すごい、3個も書けたの」

「優しさがにじみ出てる」「うわぁ！　なんて素敵な…」

（考えをノートに書いて持ってきた子に）

「あなたがやっていることは、ナイチンゲールと一緒」

「ちょっと…すごいなー」「5年生じゃないんじゃないか」

「あぁ、一言で表したね」「おもしろいなー」

「…なるほど！　ちゃんと見たんだね」「はぁ…優しいアドバイス」

「これ、面白い意見です」

教師「出てきそうで」子ども「…出てこない」教師「それもまた勉強だね」

「先生感動したの。○○さんは、グラフを使って説明していました」

「知らなかったら、今日勉強した意味があったね」

「いいよ。迷っているということは、ちゃんと考えてるってことだ」

「何となくでも分かった人はすごい」「迷っているということが大切」

「いい質問だね」「一生懸命書いてる人は、心に残りやすいんだ」

「一生懸命考える姿が美しい」


授業の中では、資料が濃密に提示され、振り返りをゆったりと書くだけの時間が残されて終えました。子どもが考えを書いたり、発言したりしている時間は、上記の言葉がシャワーのように降り注ぎ続けます。

当然ですが、言葉が出てくるだけではありません。例えば、「なんて美しい答え」は、しっとりと沁みるように、「おめでとう！　正解！」は、力強くみんなに聞こえるように。「こ、れ、は…すごい！」は、間を取りながら、最後は驚いた表情でその子を見ながら言っていました。

このように、目の輝き、声の大きさ、間、表情、温かな視線、立ち姿、心地よいリズム・テンポなどが総合されて言葉が届きます。後ろで見ている私でさえも何だか認められたような気持ちになってきます。

以上のことから、①事前に準備しておくこと（技術）、②心から感動すること（在り方）

をポイントとして考えました。

　事前の準備は、名前を覚えるだけでなく、どんな言葉をかけようかと日ごろからストックしておくことも含みます。これは、技術的側面です。子どもが、考えを書いたノートを持ってきたときに、一人ひとり違う言葉をかけていました。これは、まずたくさんの言葉を知り、もっていなければできません。意識的に言葉を選ぶ段階から、無意識に言葉が出てくる段階へと進めるように、日ごろの意識が重要であることを感じました。

　もう一つは、心から感動し、気持ちを届けることです。渡辺先生のかけられた言葉を並べましたが、どうしても実際に見なければ伝わらない空気感があります。一つの要素として、「目の輝き」があったと思います。これは、一朝一夕で身につけられるものではなく、その人の在り方に繋がっていると考えます。

　本気で相手に興味をもって、伝えてくれたことを受け止め、認める。

　そういった姿勢をもちつづけることが、あの空気感を生み出していました。


　小胎先生が最初に着目してくださったのは、授業前の何気ないやり取りでした。

　授業が始まる直前、私が会場の体育館に到着すると、子どもたちは既に授業の準備を終えてステージ上にずらりと着席していました。

　表情にはかなりの緊張感が漂っている子どももいます。

それはそうでしょう。初対面の教師との授業なのですから。

そこで、始業のチャイムまではおよそ5分あったので、急遽名前当てクイズを行うことにしたのです。子どもたちは「渡辺先生」という私の苗字は知っていて、下の名前は全員知らなかったからです。そこで、

「『み』から始まる名前だよ」

「読み方は4文字、漢字だと2文字」

「最後は『る』で終わる」

のようにヒントを与えながら、私の名前を当てさせるクイズを行ったのでした。

私はどんな答えが出てきても笑いながらほめました。

当たる当たらないが大切なのではなく、ここでは「全ての意見を先生が認めてくれる」「自分たちの意見を面白がって聞いてくれる」ということが子どもたちに伝わっていくことが大切です。

さらに、私は全ての意見を認める際に、発表した子どもの名前を呼びました。

「○○くんの考えは面白い！」「○○さんは頭が柔らかいね」のような感じで。

小胎先生は、この時のやり取りを最初に切り取ってくれたのでした。

時間にしてわずか5分程度でしたが、子どもたちはきっとその短時間の間に私の人となりをある程度見て取ったはずです。

小胎先生のレポートでは、その後「実際にかけた言葉」「語彙の量」「語感」などが述べられていますが、特に印象的だったのが「心から感動する」という一節です。

第4章で「若さ」に含まれるアドバンテージを紹介しますが、その中には「心から感動する」という力も含まれているように思います。

思えば、初任の頃は毎日が感動の連続でした。

子どもたちの変化も、教室で日々巻き起こるドラマも、どれもが未体験です。

しかしながら、年数を経て多くの経験を積むと、いろいろな場面で「予測」が立つようになります。

それは、いろいろな物事に対する見通しが立つという強みでもありますが、一方で、心からの感動が生まれにくくなるというマイナス面も併せ持っています。

「この発問をこの場面でしたらこのような反応が起きるだろう」という予測が正確にできればできるほど、驚いたり心揺さぶられたりする局面は減るからです。

だからこそ、私は「驚くこと」や「感動すること」という教師のかかわりは、年数

を重ねるほどに意図的に磨いていく必要があると思っています。

最初は自然とできていたことが、積み重ねた経験が邪魔をして徐々にできなくなっていくことはこの仕事に限らず意外と多いものです。

でも、徐々に衰えたり難しくなったりするところがわかっていれば、それをカバーしたりフォローしたりする方法が見えてきます。

もう一つ言うと、子どもたちは教師の驚いた顔が大好きです。

喜びは一定量を超えると驚きに変わり、驚きは一定量を超えると感動に変わるといいますが、目の前の教師が喜んだり驚いたり感動したりすることの教育的効果は計りしれません。

飛び込み授業という限定的な場だからこそ、私は通常の自分のクラスで授業を行うときよりそうした〝驚きのギア〟を2段階くらい上げて授業に臨むことが多いです。

そうしたギアチェンジのことも含め、驚くことは一つの技術でもあるといえます。

技術は無意識に使いこなせるようになって初めて技能となるので、そうした域にまで「心から感動する」ことについても高めていきたいと思っています。そういった意味でも、飛び込み授業のような場は大変貴重な学びの場だといえるでしょう。

子どもに対する全ての声かけを「肯定的」なものに

次に20代の女性の先生のレポートを紹介します。

群馬県公立小学校　栗原　佑佳

「希望を語る」

私たちは日々、子供たちと数えきれないほどの「対話」をしています。当然、人と人とのコミュニケーションですから、例えば一時間の授業をとっても、何がおこるか想像もつかないような化学反応が起こります。紡ぎ出される「言葉」一つ一つに、そこにいる人たちの価値観や生き方、その場の空気感などが反映されるからです。

私が体験した群馬での授業で、渡辺先生から子供たちがプレゼントされたものはなんだったのか。一言で表すとするならば「希望」なのではないかと感じるのです。

私が、渡辺先生と子供たちとの間で繰り広げられる授業を見て、特に感動した言葉が二つあります。

一つ目は、6年生での授業。答えが出てきそうで出てこず、迷っている男の子に対する「それもまた、勉強だね。」という言葉です。

二つ目は、5年生での授業。社会でフェアトレードについて学び、世界の問題について知った子供たち。最後、ポピュラーで安いチョコレートを買うのか、それとも、フェアトレードのマークがついた値段が少し高いチョコレートを買うのか、究極の選択に迫られます。ましてや、自分がもらったお小遣いの中でという、切実感のある問いでした。

そこでの「今ね、迷っているでしょ。今まで迷いもしなかったんじゃないかな。それが大切なんだよ。」「いいんだよ。迷っているということが勉強したということです。これを迷えるようになったということが、君たちの成長した証です。」という言葉です。どちらも、時間にしたら数秒、数十秒足らずの言葉です。

しかし、そのときの渡辺先生の、子供たち一人一人をしっかりと見つめる眼差し、明るくて柔らかい表情、温かい声。

直接顔と顔を合わせて紡ぎ出される「対話」における「言葉」は、やはり生きているものなのだと感じた瞬間でした。

子供たちに対する声かけのほぼ全てが、心からの肯定である渡辺先生の言葉。その中でも、「いいよ。」「いいんだよ。」という声かけを、沢山されていました。子供たちが考えている時、学びに向かっている時、そのときの渡辺先生のスタンスは、子供たちの背中をそっと押しているような、安心感のあるものです。目と心の両方で、子供たちを見つめていました。

だから、子供たちは生き生きとしています。

他の友達の意見に対しても、自然と「あー！」「なるほど！」「分かる！」というリアクションが次々と出てきます。その子供たちの声も、輝いていました。頷きながら笑顔で聞いてくれる先生がいて、授業を通して確かに学び成長している実感があるからです。

「相手の欲するプレゼントを渡したい！」といくら心の中で思っていても、欲するプレゼントを感じ取ったり、プレゼントの候補を沢山知っていたりする力がなければ、ぴったりのプレゼントを渡すことはできません。その力が、渡辺先生は圧倒的にすごいのです。

例えば、ノートに書いた考えを持ってきた女の子に対する「あなたのやっていることはナイチンゲールと一緒」という言葉。

この言葉をかけるには、その子のこれまでと比較した時ののびしろ、ナイチンゲールの功績を知っていてその瞬間にその発想が出てくる対応力がなければなりません。他に参観しに来られていた先生方とあまりの凄さに目を見合わせた瞬間でした。

優しく語りかけるような声をかけられたその女の子の様子に気づいたクラスの子供たちも、それに注目し、嬉しそうにしていました。当然、その後、女の子が全体で発表する際にも、クラスの仲間たちは「渡辺先生が感動していたぞ。どんな考えだったのだろう。」と熱心に聞きます。

沢山の人が共に学び合う「教室」という場で一人一人考えが違うのは当然で、そうした中で子供たちは新たな気付きをもったり、共感・納得したり、疑問をもったりします。渡辺先生の授業は、教師と子供がつながり、子供と子供もどんどんとつながっていき、学び成長していました。なぜだろうと考えた時、それはやはり、まずは一人一人の考えがしっかりと認められ、大切にされ「自分はこれでいいんだ」と、自分自身の心がしっかりと満たされているからなのだろうと感じるのです。

対話において大切な「声色」。もし渡辺先生の声に色をつけるとするのならば、雲ひとつない空のように、凛として、透き通っているのだろうと感じました。それはきっと、渡辺先生が、純粋に子供たちが求めていることを考え、子供たちの意見を受け止めているからです。

自分の話をちゃんと聞いてくれる人がいる。認めてくれる人がいる。我々大人にとってもそうですが、子供たちにとっても、これほど幸せなことはありません。最後の5分。子供たちは、授業を通して感じたこと、思ったことを熱心に書いていました。その姿から、子供たちは渡辺先生の言葉や、授業を通しての学びから「希望」を感じたのだろうと、見ているこちらも感動せざるを得ませんでした。

6年生への道徳の授業。テーマは「感謝」でした。

授業の最後。渡辺先生が子供たちに丁寧に丁寧に、語りかけます。

「一つ一つ目標をたてて達成してきた自信とか、あの苦しかった時に諦めないでチャレンジした勇気とか、見えないものを見ようとすると色々な世界が見えてきます。」

「中学校に行ってからも、ぜひ見えないものを大切にしてほしいと思っています。」

「今日先生は、この素敵な6年2組のみんなと授業ができて、本当に運がいいなあ、ついているなと思いました。」

目まぐるしく変わる世界で、先が見えない中、きっと漠然と不安を抱えていた6年生。その子供たちにとって大切なことは何だろうか、自分にはなにができるのかという渡辺先生の素敵な思いをひしひしと感じました。子供たちはもちろん、参観させてもらっている自分まで、未来に対する「希望」を感じるような授業でした。

学校ではしばしば「たくさん失敗しよう」との話がされます。「失敗は成功のもと」とも聞きますし、「教室は失敗するところ」という有名な詩を紹介している先生も少なくありません。

しかし、毎年どの学年、どのクラスをもってもそうですが、子どもたちの大多数は失敗することを嫌がります。これは、学年が上がるほどその傾向が顕著になります。場合によっては、失敗や間違いを恐れ、挑戦することすらしなくなってしまうケースも往々にして見られます。

しかし、学習や運動に失敗や間違いはつきものです。

どんな学問や研究であっても、先人たちが生み出した幾千幾万の失敗の上に進歩が生まれてきました。

だからこそ、失敗や間違いの価値は伝え続けていく必要があるのだと思います。

その時に第一に大切なのは、「声かけ」の仕方です。

子どもたちが成長していく中で、大人たちの「言葉」が与える影響は甚大です。特に、間違った時、わからなかった時、失敗した時の対応は「学級の風土をつくっていく上での勘所」ともいえるほど大きな意味を持ちます。その時の周りの反応や声かけが、失敗や間違いに対するイメージを形成していくからです。

失敗や間違いを批判されたり、笑われたりして育った子どもたちは、あっという間に「失敗嫌い」「間違い恐怖症」などの見えない鎖を心に抱えるようになります。

私は、20代の頃からほめ言葉のストックを始めるようになりました。

その子どもにピッタリの、その子どもだけに向けた言葉のプレゼントを自由自在に贈れるようになりたかったからです。今ではそのストックがようやく千を超えました。

そして、もう一つストックを始めたのが、「間違った時やわからなかった時の声かけ」です。先にも書いたように、授業の中で答えがなかなか出てこなかったり、間違えた答えを発表した時の声かけこそが、失敗の価値を規定していきます。

間違えても、教師の言葉を聞いてさらに挑戦心が掻き立てられたり、安心して次なるチャレンジに向かえたりする声かけができるようになりたいと願って必死に言葉をストックしていた時期があります。

その時のことを、栗原先生のレポートを読みながら思い出しました。

せっかくなので、20代の私が書きためていたストックから抜粋で紹介します。

・間違った人は、何もしない人より10倍賢くなります。
・その調子で、間違いの山を作りなさい。
・人生を決める大切な試験じゃなく、今間違えて良かったですね。ツイています。
・間違いは人助けになります。同じ間違いをした人が、クラスに少なくとも5人います。
・今の発言はいいヒントになりますね。
・これで正解に一歩近づきました。
・バツは挑戦者の勲章です。
・これは宝物のバツですね。決して消さないでください。
・◯回も間違えたの⁉　すごいね〜。何回間違えたか数えておくんですよ。
・正解かどうかが大事じゃないんです。答えが出せるかどうかが大事なんです。
・何度バツがついても問題に挑戦した◯◯くんを、先生は誇りに思います。
・何回も間違えると、正解の瞬間が一層ワクワク感じられますね。
・わからないことがわかったことがすばらしい。
・わからないことがわかるから勉強は面白いんです。大丈夫、この後ちゃんとわかるようになります。

- 芸術的なセンスを感じます。
- これはすごいです。初めての意見です。
- これは○○君しか考えつかない答えですね。さすがです。
- オリジナリティがあって良い。
- 面白い！
- とってもいい答えですね。
- 考える方向性だけは見事に合っています。
- これは完璧ですね。答え方が。
- すごくいい間違い方です。才能を感じます。
- 惜しい！　惜しすぎる!!
- 100点満点中の99点！
- 絶妙な間違え方です。ほとんど正解。
- 人生正解ばかりじゃつまりません。時に失敗して間違うから面白いんです。
- 間違いは成功のもとです。天才と呼ばれてきた人ほど多くの失敗をしています。

・人生七転び八起き。何度間違えても最後に起き上がる人がすばらしいんです。
・人間万事塞翁が馬といいます。この間違いが次にどう生きるか、楽しみですね。

栗原先生のレポートにあった「それもまた、勉強だね」という言葉は、20代の頃のこうした努力と間違いなくつながっています。

なかなかうまく言葉を紡げなかったり贈れなかったりした若手時代につくり始めたのがこのストック集だったので、意図的に努力を積んだことに少しでも意味はあったのかもしれないと自分自身が希望を見せてもらった思いがしました。

思えば、順調にいったり成功したりした時には何を言ってもらっても嬉しいものです。

一方で、つまずいたり失敗したりした時に、それを思いもかけない方向から価値づけてもらったり、行動したこと自体を認めてもらったりした時は、嬉しさだけじゃなく驚きや感動、勇気といった感情が湧いてくるものです。

そういう意味で、子どもたちがつまずいている時は、絶好のチャンスなのだとも言いかえることができます。そういう心持ちになれると、紡がれる言葉は自然と優しく温かくなり、希望に満ちたものになるのだろうと思います。

子どもが欲しいプレゼントを次々と贈る

最後に30代の男性の先生のレポートを紹介します。

群馬県公立小学校　星野　佑貴

ギフト

「ちょっとちょっと、君たち、本当に小学生ですか⁉」

こうしたプレゼント（言葉）が次々と子供たちに贈られ、それを聞いたクラスの子たちの顔に笑顔があふれます。

「これが渡辺先生の授業なのか」と驚愕しました。

一斉授業をしている中に、子供たち一人ひとりにプレゼントを渡す機会をつくっていて、様々な技を駆使して対話されているように見えました。１時間、ずっとアイコンタクトや褒め言葉はもちろん、驚き、激励をし続けていました。

とにかく授業の中で、そのクラスが、そして目の前の子供が欲しいプレゼント（言葉）を１回や２回ではなく、次々と贈られる様子を目の当たりにしたのです。

一番印象的だったのは、クラスの中でも少し大変なAさんに小さくこう言ったところです。

「あなたがやろうとしていることは、ナイチンゲールと一緒。こうやってね、ただ感情とか、言葉だけではなくてね、こうしてグラフなどを使って数字で伝えていったんだよ。

そこが実は素晴らしいところなんだ。あなたも同じことをしようとしている。すごいなぁ。」この場面を見て鳥肌が立ちました。

Aさんにとって、これまでに絶対渡されたことのないプレゼントだったと思います。言われた後、にこにこしながら自分の席に戻っていきました。それだけに留まらず、その後、クラス全体の中でAさんを意図的に指名して発表させ、「さっきぼくはナイチンゲールみたいだねと言ったんだけど…」とみんなが深くうなずくような語りを入れて、授業を紡いでいきました。その時のAさんの誇らしげな表情が今でも心に残っています。

どうしたらこうした事実が積みあがっていくのだろうと考えたとき、渡辺先生とのやり取りなどから、子供たちに会う前後の渡辺先生の姿が鍵になっていたのだと思います。分類するとしたら、①渡辺先生が子供と会う前はチューニング、②会った後はビーイングの構築に重きを置き、③授業中はこれまでの経験をもとに、ディレクション力を発揮されていたと思います。

飛び込み授業をしていただく1週間前、渡辺先生から、顔写真付き名簿だけではなく、担任が吹き込んだクラスの児童一人ひとりのエピソードの音声が欲しいと依頼され、お送りしました。その吹き込んだものは、顔写真と名前を合致させ、その子の人となりを知るためなのかなと漠然と思っていました。

しかし、その予想が砕けたのが、授業が始まる10分前です。子供たちは席についていました。ここから、ものすごく短い時間で子供たちと渡辺先生の「ビーイング」の構築が始まります。子供たちと会話をしていく中で「私は楽器をしています。なんの楽器でしょうか。」から「あ、そうだった。○○くんは、吹奏楽に入っているよね？　何の楽器なの？」

と名前とエピソードをつなげ、対話へと切り替えていったのです。周りの子供たちも「今あったばかりなのにどうしてそんなことを知っているのだ」と目を丸くする子も出ていました。つまり、音声で伝えた、たった1つのエピソードが、その子と渡辺先生自身をつなぐ鍵となり、初めて出会った子供たちが次々と渡辺先生と線でつながっていき、魅了されていくのを目の当たりにしたのです。たった10分でしたが、授業が始まるころには、クラス全体が温まり、心地のいい雰囲気で始まりました。

渡辺先生は、私が送った音声の中で、あることに気付いていました。それは、音声の中の子どももそれぞれに対してしゃべっている量の差です。その差を授業のなかで生かされていました。送った音声は、子供一人ひとりエピソードを交えながら、どのような子なのかを担任視点で吹き込んだのですが、エピソードが短い児童に焦点を当て、授業で取り上げ、その子が授業の歯車になるように組み立てていました。担任として、今の自分に何が足りないのかを実感した瞬間でもありました。そんな授業を受けた子供たちは、最後の感想を書く場面でも、普段以上に充実した内容の感想を書く子が多くいました。

こうした授業作りや言葉がけができるのは、相手が何を欲しているのかを深く理解していることに間違いありません。また、その子供たちをどのように活躍させるのか、その児童にとって、どんなプレゼントが一番うれしいのかをその場で判断することで、多くの子供が活躍するという事実を生み出していったのだと思いました。渡辺先生の頭の中は、相手へのギフトを考える引き出しが無数にあるように感じました。目の前でこうしたディレクション力の高さを見たことで、その後、私自身が教壇に立った時に、どうしたら目の前の子供たちに、思ってもみなかった価値をギフトできるのかを意識して接するようになりました。

授業時間の45分の中だけではなく、そこに至るまでの準備があったからこそ、生まれたエピソードがあり、それらは渡辺先生の対話力の高さを強く物語っていると思います。

対話をする際、どうしたらうまくいくのか、多くのエビデンスがあると思いますが、自分の中に浸透させ、行動を変容させた先にあるのが、渡辺先生の授業であると強く感じました。


星野先生は私を群馬県に招いてくださった先生であり、実際に授業をさせてもらった6年生のクラスの担任でもあります。

実際に群馬に赴く前に、私は星野先生に頼んで名簿と写真を送ってもらいました。そして、レポートにもある通り、クラスの一人ひとりのエピソードを吹き込んだ音声ファイルも送ってもらうことにしました。

初めて送り出す卒業生たち、その卒業直前の大切な道徳の1時間を私に託してくれたわけですから、その思いに何とか良い形で応えたいと思ったのでした。

まだ見ぬ6年生の子どもたちの顔写真と名前を見ながら音声ファイルを聞き、どんな子どもたちがいるどんなクラスなのかをまずは思い浮かべました。

Ｐ109で紹介する「チューニング力」が試される場面です。

その中で、たくさんのエピソードが出てくる子どもと、それと比較するとややエピソードが少なかったり薄かったりする子どもたちがいました。

そういう子どもたちは、得てしていわゆる「いい子」であったり「授業で前に出る場面」が少なかったりすることが多いものです。それはつまり、印象に残る場面が少ないことを指しています。

これは星野先生に限らず、担任経験のある方なら誰しもがわかることだと思います。通知表の所見を書く時に、あっという間に書き上げられる子どもと、なかなか書くことが思い浮かばない子どもの違いなどがまさにそれです。

そこで、実際の授業場面では、エピソードが少なめだった子が発言できるチャンスが来た時に、意図的にその子どもたちを指名するようにしたということです。

クラスは、先ほどの栗原先生のレポートにもあったように、相互の反応の中で活動が活性化されたり抑制されたりするものです。

普段は活躍場面が少ない子どもたちがどんどん活躍するようになると、多くのクラスはその相互反応の中で一気に活気づきます。

それは「あの子はできる」「あの子はできない」など日常的にチームの中で生まれていた心理的な壁が崩れるからです。

「逆転現象」と呼ばれる現象の価値はこの点にあるといってよいでしょう。

星野先生のレポートには続いて、「出会った後はビーイングに重きを置く」とありました。

先にも書いた通り、出会いの刹那の瞬間とは、子どもたちが私の「人となり」をどう判断するかという大切な局面であるため、非常に意識した場面です。

5年生では名前当てクイズをしましたが、6年生では楽器という話題から一人ひとりの濃いエピソードを引き出して語っていきました。それは、そのクラスの雰囲気や状況を見てピッタリの対話をしたいと考えたからです。

「クイズ」でも「語り」でも、言葉のやり取りをすることに変わりはありません。

その中で伝えたいのは、「正解を求めているよ」という姿勢ではなく、「失敗でも間違いでも行動すること自体がすばらしい」という私の考え方です。

さらに言うなら、「あなたたちと出会えて嬉しい」「あなたたちに関心を持っているよ」という喜びや関心の態度が伝えられたなら、それは一つの理想形です。

そういうふうに、失敗を丸ごと受け止め、喜びや関心を向けてくれる在り方が確かに伝わった時、子どもたちは一層オープンマインドになり、教師の話に耳を傾けるようになるからです。

また、「授業中はこれまでの経験をもとにディレクション力を発揮」という一節。

特に星野先生を含め、３人の先生方全員が書いてくださった「ナイチンゲール」のくだりの場面における「Ａさんにとって、これまでに絶対渡されたことのないプレゼントだったと思います」という描写が非常に印象的でした。

「自分が思ってもみなかった形だったり角度だったりしたところから渡されたものが、とてつもなく嬉しかった」という体験は、大きな感動をもたらします。

そして、そのようにして受けた授業の内容は、不思議と心に残るものです。

単なる情報として入ってくる平板な知識とは違い、喜びや驚きといった強い感情とセットになって記憶されるからです。

そうした場面を実現するためには、星野先生が書いているように日頃からギフトの引き出しを増やしていくこと、そして「思ってもみなかったギフトを贈ってみたい」と明確な目標を掲げることなのだと思います。

対話力を鍛えるチャンスは日々の生活の中に

対話力（プレゼント力）を構成する3つのポイントは以下の通りです。

- 欲しいを感じ取る力（チューニング力）
- 欲しいを創り出す力（ディレクション力）
- 在り方を整える力（ビーイング）

これらを存分に発揮する上で重要な「即興力」については、第5章でこのあと述べていきます。

先述した通り、わずかな時間でも、その日初めて出会ったばかりの相手だったとしても、互いに前向きな関係をつくり、豊かに対話していくことは可能です。

そして、そういった経験を積む場は「飛び込み授業」に限ったことではなく、意図的に創り出していくことが可能です。

「一期一会」の対話のチャンスは、探せば日常生活の中にも山ほど眠っているといえるからです。

職場で普段ほとんど話さない同僚の先生。

関係が難しくなってしまい連絡がしにくい保護者の方。

ここ1週間で一度も認めたりほめたりしていないクラスの子ども。

ほかにも、今まで言葉を伝えたり届けたりすることが難しかった方がもし身近に一人でもいるならば、それは大きなチャンスとも捉えられます。

心の奥底で少しでも関係改善を望んでいる方がいるなら、本書を参考にしてぜひ対話の一歩を踏み出してみてください。

「もしかしたら二度とは会えないかもしれないという覚悟でその人に接する」ならば、対話の糸口が見つかりやすくなるばかりか、自分自身の生き方や在り方が磨かれ整っていく道にもつながっていくことと思います。

すてきな言葉のプレゼントを互いに贈り合うことのできる場面が、読者の皆様の周りに一つでも増えることを心より願っています。

「美しさ」の落とし穴

「フラッシュモブ」をご存じでしょうか。雑踏の中、前触れなくダンスや演奏などを行うゲリラパフォーマンスの一種です。主に結婚のプロポーズをする時に行われるサプライズの一つとして、近年注目を集めるようになりました。

「プロポーズ　フラッシュモブ」と検索するだけで、インターネット上ではたくさんの動画を見ることができます。最近ではなんと、フラッシュモブを専門的に請け負う代行会社も存在するようになりました。

このような大胆で奇抜なアイディアが世界で瞬く間に流行していくことも、変化の激しい現代を象徴している一例であると感じます。

しかし、よくよく考えてみればその奇抜さの中心にあるのは、「相手を喜ばせたい」という美しい思いです。

形は変われども、愛する人や大切な人に想いを伝えたいという気持ちの強さはいつの時代も万国共通なのかもしれません。

私も、いくつかのフラッシュモブ動画を見てみました。

その多くは、感動的なフィナーレを迎えます。

- 盛大なサプライズダンスの終わりに彼氏が彼女の前に跪く。
- 「結婚してください」との言葉を添えてパカッと指輪ケースを開く。
- 全てを把握した彼女が涙しながら喜び、「はい」とそれを受け入れる。

何か月もかけてひそかに練習したダンスを披露する彼氏やダンサーたちの表情や動きは躍動感に満ちています。

それを大きな驚きとともに見つめる彼女の表情にも引き込まれますし、最後の場面で指輪が渡されるシーンでの涙には多くの人が心打たれるはずです。

フラッシュモブはたいていはそのようにハッピーエンドとなるわけですが、全く違った結末になった動画を私は見たことがあります。

- 盛大なサプライズダンスの終わりに彼氏が彼女の前に跪く。
- 「結婚してください」との言葉を添えてパカッと指輪ケースを開く。
- 全てを把握した彼女が激怒し、バシッと彼氏を叩いてその場から立ち去る。

つまりはバッドエンドとなってしまったわけです。

彼女が立ち去った後の会場には悲惨な空気が漂っていました。

彼氏はもちろんショックを受けたわけですが、フラッシュモブの成功を信じて一緒に練習してきたダンサーたちもさぞかしいたたまれない気持ちだったでしょう。一体、なぜこのような悲劇が起きてしまったのでしょうか。

動画には、もちろん解説などは付いていません。

しかしながら、詳細を聞かずともおおよそ想像がつくことがあります。

第一に、彼女には結婚する気がなかったこと。あるいは、そこまでの気持ちに至っていなかったことが窺えます。そんなつもりがなかったからこそ、大勢の人を巻き込んでプロポーズをした彼氏に激怒したのでしょう。

第二は、フラッシュモブが成功すると彼氏が信じて疑わなかったこと。

少しでも失敗する可能性があると思っていたなら、きっと別の方法を選択したはずです。少なくとも、自分ならばそうします。

もちろん、2人の関係には映像に表れていない背景の部分がたくさんありますし、百パーセント彼氏だけが悪いとは言い切れないはずです。

しかしながら、彼氏が自分のプレゼントに盲目的になってしまったことが悲劇の原因であったことは否めないでしょう。

フラッシュモブの「美しさ」や「華やかさ」に魅せられ、「これならきっと喜んでくれるはず」と思い込んでしまった可能性は大いにあります。

これは、動画の話に限ったことではありません。相手と対話する場面において、この悲劇と同じようなことが起きているケースはたくさんあります。

「渡す側が美しさに魅せられる」という点に、落とし穴があるのです。

「正しさ」の落とし穴

10年ほど前、ショッピングセンターに買い物に行った時のことです。

その日の目的は、知人への贈り物を買うことでした。１時間ほど店内を巡り、目的の品を買い終えて帰ろうとした時に、花屋がふと目に留まりました。

お店の入り口近くによく併設されているタイプの花屋です。

知人へのプレゼントは既に買いましたが、「ちょっとした花束を添えてあげたらもっと喜ぶだろうな」と思い立った私は踵を返して店内に戻りました。

そして、簡単な花束を注文しました。

すると、店員さんから次の言葉が返ってきました。

「すいません。もう閉店ですので花束のご注文は受けられないんです」

えっ、と思った私は時計を見ました。

時刻は夜の7時50分を少し回ったところです。

ショッピングセンターの閉店は9時だったのでまだまだ時間があると思っていましたが、花屋だけ営業時間が違うことも確かにあります。

「そうか残念だったなぁ」と思いながら帰ろうとした時に、花屋の営業時間の看板が目に入りました。そこには「夜8時まで営業」と確かに書いてあります。私はその看板を見て、「お店は夜8時まではないんですか？」と店員さんに再度尋ねてみました。

「営業はしているんですが、閉店15分前からは花束のご注文はお受けしないことになっているんです」

私はこの時点では事態がよく飲み込めませんでした。

詳しく聞くと、花束は選んだり包んだりするのに時間がかかることや、閉店業務を進める必要があることから、閉店間際の注文は受けないきまりになっているとのことでした。

　では何ならば買えるのかというと、既に花がバスケットに生けられているフラワーギフトならば購入可能とのことでした。

「こういうバスケットに入った立派なものではなくホントにちょっとした簡単な花束でいいんですが……」とやんわり伝えてみましたが、「すいません、きまりですので……」と取り合ってもらえませんでした。

　もちろん店員さんは店のきまりを守っただけなのでしょう。「正しさ」という観点から見ればルールを順守したわけですから何らおかしいことはありません。

　しかし、私はこの正しさに満ちたコミュニケーションをうまく受け取ることができませんでした。

　店を後にする中で頭の中には次のような考えが渦巻いていたからです。

「『15分前から花束を受け付けない』などどこにも書いていないのに」

「簡単な花束くらい作ろうと思えば2～3分でできるじゃないか」

「閉店業務を滞りなく進めることがそれほど大切なことなのか」

　今思えば、この20代の頃の私の捉え方にもかなりの青さが見られますが、友人へのプレゼントに花を添えることができなかった残念さも相まってなかなか腹の虫は治まりませんでした。

「一体何のために花屋を営んでいるのか」とも思いました。

「花を効率よく売ることが花屋としての矜持なのか」とすら思いました。

最終的には「自分ならば決してこのように仕事はしない」との自戒に行き着くまで悶々とした思いが続きました。

もちろん、店員さんは何ら悪いことをしておらず、店側の正しさをただ全うしただけです。私が腹を立てるのはお門違いとも捉えられるでしょう。

ここで伝えたかったのは、「正しさ」という贈り物が相手に全く受け取られないというケースが存在するということです。

むしろ、その正しさに対する思い込みが強ければ強いほどコミュニケーションがうまくいかない事態は多発します。

渡す側が「自分の正しさを絶対解として信じてしまう」というところに落とし穴があるのです。

「美しさ」や「正しさ」に盲目的になるとプレゼントは失敗する

フラッシュモブの話も花屋のエピソードも、そのコミュニケーションを渡そうとする側に基本的に「悪意」はありません。

むしろ、「美しさ」や「正しさ」など、当人からすれば至って綺麗な思いに依拠したコミュニケーションです。

しかし、相手には受け取ってもらうことができませんでした。

それどころか、相手を怒らせ関係性を悪化させてしまっています。

恐らく動画の彼氏と彼女はその後うまくいかなかったでしょう。

私は、その後二度とその花屋に行くことはありませんでした。

双方のケースには、一つの共通点があります。それは、

自分の渡したいものを渡した

ということです。相手が何を欲しているかはさておき、自分が美しいと思うもの、自分が正しいと思うもの、つまりは自分の渡したいものを渡したという共通点があり

ます。

コミュニケーションは、よくプレゼントにたとえられます。

プレゼントは、渡しさえすればよいかというと決してそうではありません。

贈り物が上手な人は、いかなる時も次のことを心得ています。それは、

相手の欲しいものを渡す

ということです。自分が何を渡したいかはさておき、相手が求めるもの、相手が喜びを感じるもの、つまりは相手の欲しいものを考え、それを渡そうとしている共通点が浮かんできます。

コミュニケーションにおいても、同様のことがいえます。

相手の欲するものを感じようとしている人は、自然と渡す内容や渡す方法に「柔軟性」が伴うようになります。

贈り物をする時の主体が、自分ではなく相手になるからです。

すると、たとえ正しさや美しさが存在せずとも、相手が受け取ってくれるという不思議な現象すら起きるようになります。

相手の欲しいものを発見するための「チューニング力」

贈り物を渡す際に最も大切なことは、相手の求めるものを知ることです。

プレゼントの目的は、相手を喜ばせることだからです。

ここでは「喜ばせる」と表現しましたが、それはコミュニケーションの場においては「相手に届く」ことを意味するものです。

極端な言い方をすれば、どれだけ正しくても、どれほど美しくても、相手に届かなければそのプレゼントは意味をなしません。

そのコミュニケーションは、中身を見ずに捨てられてしまったり、そもそも受け取ってすらもらえなかったりするプレゼントに似ています。そのときに、

「なんだあいつは。良かれと思ってせっかくプレゼントしてやったのに」

「このプレゼントの価値がわからないなんてどうかしている」

「こっちの優しさや思いやりがわからないのか」

と憤慨したところで事態は解決しません。

むしろ、そうやって腹を立てることで、相手との関係にはどんどん亀裂が入っていくでしょう。

受け取ってもらえないばかりか、相手との関係がどんどん壊れていく。

この悲劇のようなコミュニケーションは、実は数多く起きています。

特に、「絶対的な美しさや正しさ」が存在する場合は要注意です。

自分が信じる美しさや正しさを、妄信してしまう危うさがあるからです。

特に学校という場所は、その傾向が顕著な場所です。

たとえば「みんな仲良く」という言葉は、全国津々浦々の学校で今もよく伝えられているものです。

みんなが仲良くという姿を目指すことは、一面的には正しいのでしょう。

みんなが仲良くという姿は、きっと多くの人の目に美しく映るのでしょう。

誰しも好んで争いや諍いを行うわけではありませんし、毎日仲良く平和に暮らせればそれはすばらしいことだと多くの人が思うはずです。

一方で、この正しくも美しい言葉が、現場ではほとんど教育的な効果をもたらさないことを多くの先生は知っているはずです。

にもかかわらず、この言葉は現場で使われ続けています。それどころか、

「なんで仲良くできないの！」

「仲良くしなさいっていつも言ってるでしょ！」

と相手を厳しく指導する際の材料としても使われています。

ここまでくると、これはもう正しさや美しさという名の暴力に近いとすら私は思ってしまいます。

そのように指導され続けた子どもが、「みんな仲良く」という言葉にアレルギー反応すら起こすようになることもあるでしょう。

これは一つの例ですが、これ以外にも、相手に届かないばかりか往々にして関係を壊していくコミュニケーションは学校に数多く存在します。

それは元を辿ると「相手の欲しいもの」を想像したり感じ取ったりするチューニング力の不足に辿り着くのだと思っています。

相手の欲しいものを創り出すための「ディレクション力」

ただし、相手の欲しいものがわかればそれで事足りるかというと、実はそうではありません。

プレゼントは「中身」も大切ですが、それと同じくらい「渡し方」も大切です。

シンプルに相手の求めるものをそのまま渡す方法もありますが、仮に相手が求めていないものを渡したとしても、思いや価値を届けることは可能です。

たとえば、自動車メーカー「フォード」の創業者、ヘンリー・フォード氏は次の言葉を残しています。

> 「もし顧客に、彼らの望むものを聞いていたら、彼らは「もっと速い馬が欲しい」と答えていただろう」

まだ自動車が世に普及していなかった時代のことです。

その頃の主な移動手段は馬でした。

仮に、表面的なニーズに従って「速い馬」をフォードが渡したとしても、大きな価値を生むことはできなかったでしょう。

なぜなら、顧客は「速い馬が欲しい」という思いの奥底に「速く移動したい」という願望を持っていたからです。そこに気づき、馬ではなく自動車という未知の形で価値を提供したところにこの名言の示唆するポイントがあります。

つまり、「どんなプレゼントが欲しいか」について、それをもらう本人すらよくわかっていない場合があるということです。

そして、相手の求めるものが見えた時にも、既存のプレゼントリストの中にストックがない場合は、自らそれを創り出す必要が出てきます。

相手が真に求めるものを創り出す工程は、極めてクリエイティブです。

企画を立て、デザインを構想し、実際の制作に取りかかり……。

こうした力のことを、一般的に「ディレクションスキル」と呼びます。

ニーズに単純に応える力とは違い、多方面に気を配りながら総合的かつ円滑に仕事を進め、価値を生み出していく力のことです。

これを「サービスディレクション」と呼んだりします。

コミュニケーションの場においても、相手に言葉や価値を届けるのがうまい人たちは、おしなべてこうした力が高いです。

「まさか、そんな言葉をかけてもらえるなんて」

「自分ではそんなふうに全く思えていませんでした」

「もやもやしていたものが一気になくなったようです」

言葉を交わした相手からこうした言葉がよく返ってくる方は、そもそもディレクション力が高い方だといえるでしょう。

言葉のキャッチボールによって相手の視界を開いたり、その人が思ってもみなかった価値を贈ることのできる人は、既に上質な対話力を持っている人です。

相手にプレゼントを届けるためには、「感じ取る力」に加えて、「創り出す力」が重要だということです。

プレゼントの最後のカギはビーイング

ここまでコミュニケーションの仕方をプレゼントにたとえながら、「感じ取る力」や「創り出す力」の概略を伝えてきました。

簡単な方程式で示すと、プレゼント力とは次のように表すことができます。

「チューニング力×ディレクション力＝プレゼント力」

この中のチューニング力についてはＰ１０９で、ディレクション力についてはＰ１１２で紹介しました。

そして、プレゼント力には実はもう一つの大切な要素があります。

それは、「何を渡すか」や「どう渡すか」ということよりも、さらに高次元で大切な要素でもあります。ここまで読んでくださった方なら、既におわかりかもしれませんそうです。

プレゼントの成否を決める最終ポイントは、「誰が渡すか」ということです。

- この人に貰ったならばどんなプレゼントでも喜べる。
- この人に貰ったならばどんな渡し方でも喜べる。
- この人に会えるだけできっと自分は喜べる。

読者の皆さんにも、きっとそんな存在の人がいるはずです。

それは大好きなアイドルかもしれませんし、心から尊敬している憧れの人物かもしれませんし、身近なところで好意を寄せている人かもしれません。

ここまでくると、もはや諸々の力が既に不要な場合があります。

なぜなら、何を渡してもどう渡しても相手は喜んでくれるからです。

つまり、プレゼントにおいて最も大切なのは、渡す相手にとってあなた自身がどういう存在であるかということです。

一言でまとめるならば、それは「ビーイング」です。

自分自身の「在り方」ともいえるでしょう。

自分の日頃の生き方や在り方が、相手の目にどう映っているかということがプレゼント、つまりコミュニケーションの成否を決めるということです。

先の方程式に付け加えると、次のようになります。


「チューニング力×ディレクション力×ビーイング＝プレゼント力」

このビーイングの整え方については、第4章で詳しく述べていくことにします。

対話力を磨いていくために

本書のメインテーマである「対話力」についても、ここで明確にしておくことにします。

「対話」と似た言葉では「会話」があります。

「雑談」や「議論」といった言葉もあります。

それぞれの言葉の違いを調べる中で得た情報をもとに、それぞれの言葉の違いをまとめると、次のようになりました。

話の主体が「私たち」であるという点と「相互理解」というキーワードがポイントです。

たわいのない日常会話ではなく、決着をつけるための議論でもない。

相互理解というつながりや重なりを

	かたい／緊迫	やわらかい／リラックス
テーマあり	**議論** ・対立がベースにある ・意見をぶつけ合い、最終的には１つの結論を出すことを目的とする ・「私」が主語になりやすい （WIN-LOSE）	**議論** ・尊重し合う関係がベースにある ・お互いの考えの違いを認め、相互理解に至る ・思いもよらなかった「第三の答え」が生まれることもある ・「私たち」が主語になりやすい （WIN-WIN）
テーマなし		**会話／雑談** ・楽しむことがベースにある ・答えを生み出さなくてもよい ・テーマはなく、あってもどんどん変わっていく ・「私」が主語になりやすい （No Winner）

生みながら、双方にとって良きものをもたらす言葉のコミュニケーションを、私は「対話」と呼んでいます。

先に述べた通り、その対話の上手な人は、言葉のプレゼントのツボをよく押さえています。

そして、そのツボは「この時はこのようにする」といったようにマニュアル化できるものではなく、柔軟性や即興力が試されるものでもあります。

そうした臨機応変さを示すための実例として、第5章を用意しました。

初めて赴いた地で、初めて出会った方々との間で、どのような対話を交わし、関係を築いていったのか。その具体を感じていただければ幸いです。

第4章

教師自身の「在り方」を整える

対話の前提となるのはビーイング

第1章では「『欲しい』を感じ取る」、第2章では「『欲しい』を創り出す」について、第3章では「対話力の基本は『プレゼント力』」ということを書いてきました。

さらに、相手のニーズやウォンツを感じ取ったり創り出したりする中で、「何を」「どのように」渡せばいいのかという具体を、いくつかの事例を通して紹介してきたところです。

意図的に感じ取ろう、創り出そうと努める中で、自分が渡そうとしている言葉が相手に届いたり響いたりする確率はぐんと高まることでしょう。

しかし、いかに渡し方が優れていても、届けようとしている内容がすばらしかったとしても、それを相手が全く受け取ってくれない場合もあります。

その根底には、相手と自分との「関係」が強く影響しています。

第3章に、私は次の文章を書きました。

> 「プレゼントの成否を決める最終ポイントは「誰が渡すか」ということです。

・この人に貰ったならばどんなプレゼントでも喜べる。
・この人に貰ったならばどんな渡し方でも喜べる。
・この人に会えるだけできっと自分は喜べる。
読者の皆さんにも、きっとそんな存在の人がいるはずです。

それは大好きなアイドルかもしれませんし、心から尊敬している憧れの人物かもしれませんし、身近な所で好意を寄せている人かもしれません。

ここまでくると、もはや諸々の力が既に不要な場合があります。

なぜなら、何を渡してもどう渡しても相手は喜んでくれるからです。

つまり、プレゼントにおいて最も大切なのは、渡す相手にとってあなた自身がどういう存在であるかということです。


ここではポジティブな例を書きましたが、逆もまた然りです。
・この人に貰ったならばどんなプレゼントでも喜べない。
・この人に貰ったならばどんな渡し方でも喜べない。
・プレゼントどころか会うことすら勘弁願いたい。
この文章を読んでいる皆さんにも、そんな存在の人がいるかもしれません。

そうした相手からのプレゼント（言葉）は、渡す前から既に失敗していることがほとんどです。

せっかく渡した言葉が響かないどころか受け取りすら拒絶されてしまい、関係をより悪くすることも少なくありません。

自分が相手にとってどんな人物であり、両者の間にどんな関係が構築されているかということが、対話の成否を決定的に左右します。

やり方（スキル）以上に、在り方（ビーイング）が重要なのです。

成功例を追うのではなく、失敗例に学ぶこと

ビーイングの話は抽象的でしかもなかなか複雑なので、できるだけ具体的な例を通して見ていきましょう。「やり方（スキル）を磨くこと」と違い、「在り方（ビーイング）を磨くこと」には、明確な方法が存在するわけではありません。

「サッカーのリフティングがうまくなる練習方法」は存在しても、「チームメイトか

ら絶大な信頼を得る方法」には確実な解がないことと似ています。「在り方」は、「生き方」や「心」とも親和性の高い言葉ですが、「このようにすれば100％心を整えることができる」という方法は存在しないのと同様に、在り方を磨くための万能な解は存在しないのです。

このようなときは、成功例を追い求めるよりも、失敗例から教訓を得るほうが有効です。「こうすれば絶対にうまくいく」という方法は存在せずとも、「こうすれば絶対にうまくいかない」という方法は確実に存在するからです。「うまくいかない方法」を多方面から理解していれば、決定的なリスクを回避することができます。さらに、自分なりの「うまくいきやすい条件」についても様々な考えが浮かんでくることでしょう。

そこで、ここでは対話力に関する教師のビーイングについて、典型的な失敗例を見ながら、そこに存在する法則性をひも解いていきたいと思います。

たとえば、第2章ではBくんのお母さんの話を紹介しました。学校や教師に対する大きな不信が生まれてしまい、対応すること自体に極度の難しさが生まれてしまったケースです。

私は過去に幾度となくそうした学級を間近で見たり、相談を受けたりしてきましたが、決定的な難しさを生み出してしまう教師の対応にはいくつかの共通点がありました。

失敗パターン①
効果の出ない指導を続ける

教育とは、「惰性の強い制度」であるといわれます。

惰性が強いとは、「効果が表れにくい」ということを意味します。入力してから、出力されるまでの時間が長いのです。

確かに、多くの指導は変化や成長が認められるまで時間がかかるものです。時間がかかるどころか、一向に反応が見られないケースや、こちらの思惑とは違った効果が表れる場合も少なくありません。こうした教育の特性を知ってか、職員室では教師同士で次のような会話がなされることがあります。

「今はまだわからないんだろうね」

「それでも言わなきゃダメなことは言い続けないと」

「いつかはわかるだろうから根気強く指導していきましょう」

一見何もおかしい点はないように感じられるかもしれませんが、私はこうした会話に違和感を覚えます。

もう少し付け加えて言うならば、先のような会話が日常的に続いているとするならば、違和感ではなく危機感を覚えるでしょう。それは、「現状では効果の出ていない指導」を「改善せずに継続する決断」を下し続けているからです。

効果が一定期間出ていないならば、指導の方法や内容を改善していくのが自然な動きだと思いますが、教育現場においてはなぜか「不変」が選択されることが少なくありません。

そこには、「効果が表れるまでには時間がかかるから、自分の指導の在り方を改善する必要は特にない」と判断する思考の向きが見え隠れします。

そして、このように教師が自分の指導について「不変」を選択する場合にこそ、決定的なリスクが生まれやすいのです。

「効果の出ない指導を続ける」とは、それを受ける子どもの側からすれば「何ら成長を感じられない指導を受け続ける」ことを意味します。

すると、教師と子どもの関係には、往々にして亀裂が入りやすくなります。亀裂どころではなく、完全に壊れてしまう場合もあります。

こうなってしまうと、どれだけ言葉を尽くしたとしても、伝える方法を工夫したとしても、関係改善は望めない状況に陥ってしまいます。

まさに、在り方（ビーイング）が崩れた状態です。「効果が表れるまで時間がかかる」ことを免罪符として、自身の指導改善を怠ってしまうケースです。

つまり「不変」には大きなリスクが潜んでいるということです。

失敗パターン②
家庭での指導を促す電話を入れ続ける

放課後の職員室。電話口に向かって、クラスの子どもの不適応行動について家庭に連絡を入れている教師の姿を見かけることがあります。

近くを通りすがった際、次のような会話が聞こえてきたとします。

「今日、クラスで～～ということがあったんです」

「学校でも指導をしたんですが、なかなか効果が見られません」

「ご家庭でも○○さんにお話ししていただけないかと思ってご連絡致しました」

一見何もおかしい点はないように感じられるかもしれませんが、私はこうした会話にも違和感を覚えます。

ここも同じく付け加えて言うならば、先のような連絡が日常的に続いているとするならば、違和感ではなく危機感を覚えるでしょう。

それは、「学校の責任」と「家庭の責任」の境目があいまいになってしまっているからです。確かに、学校と家庭は地続きです。

その子どもが不適応行動をとる原因の一端が、家庭にある場合もあるでしょう。

しかし、「学校で起きた問題」の解決を「家庭に求める」ことには、やはり私は大きな違和感を覚えます。

なぜなら、人は場所や立場によって「態度が変わる」のが常だからです。

自分という人間は、常に他人との人間関係の中に存在するものです。

その存在とは、「相手によって引き出される」ものです。

たとえば、ファンが周りにいることで、初めてアイドルは成り立ちます。いくら自分で「アイドルだ」と言い張っても、ファンがいなければアイドルとはいえません。

つまり周りのファンたちが、アイドルという立ち位置をつくっているのです。

お父さんだって、最初からお父さんだったわけではありません。

我が子が生まれてきてくれたからこそ、初めてお父さんになれたのです。

自分の存在は、いつも相手によって引き出され、つくられるということです（これを「分人主義」といいます。平野啓一郎氏の本に詳しいです）。

繰り返しますが、態度はその場に応じて変わるのが自然なことです。

話し方だって変わるし、服装だって変わります。

これは子どもに限ったことではなく、大人でも同じです。

職場でバリバリと働くビジネスマンが、家に帰れば子煩悩な親バカで、実家に戻れば甘えたがり……なんてことは別に珍しくありません。

大人ですらそうなのですから、子どもたちも「家庭」とは違う「学校」というもう一つの場所で、自分自身の人生を独自に歩んでいるとみるのが自然です。

そして、学校での立ち位置や振舞い方は、教師や友だちとの関係の中でつくられ、引き出されるものなので、家庭とは違うことも少なくありません。

「家ではものすごくワンパクなのに、学校ではものすごくおとなしい」という場合もありますし、その逆も大いにあり得ます。

「家ではとても優しいのに、学校ではとてもわがまま」という場合もありますし、その逆も十分に起こり得ます。

ここまでを読んだ上で、先ほどの電話の例を思い出してみると、私の違和感の正体をイメージしてもらいやすいかもしれません。

学校という場所で引き出され、つくられている「態度」なり「行動」を、その状況を見てすらいない家庭の保護者に託すことに、強い引っ掛かりを覚えるということです。なぜなら、その子どもが不適応行動を起こしている教室という場において、最も強い影響力を持っているのは、教師だからです。

その子どもの態度なり行動を、最も強い力で引き出しているともいえるでしょう。

そのような状況の中、学校での対応に特に変更を加えることなく、家庭にヘルプの電話を入れることは、問題の解決にはつながりにくいことが多いのです。

理由は非常にシンプルで、普段学校に保護者の方々はいないからです。

これは、いわゆる「他責思考」のリスクとも強く関連します。

責任の所在を自分以外に求めていては、状況はなかなか改善しません。

教室において最も強い影響力を持っている自分の役割を自認し、指導改善を図っていくことこそが、問題解決への早道ともいえるでしょう。

また、先のような電話連絡を入れ続けてしまうと、聞き方によっては学校には何ら責任はなく、家庭に全ての責任があると捉えられかねません。

「学校での指導に問題はないのですか」と、転嫁された責任に腹を立てる人も中にはいるでしょう。

何より、最愛の子どもの問題点を聞かせ続ける相手のことを、好意的に見られない保護者が多いのは自明の理です。

保護者との関係の中においても、在り方（ビーイング）は非常に大切です。

ここが崩れてしまうと、子どもへの対応と同じく、何をどう行っても逆効果になるという負のスパイラルが起きてしまう可能性があります。

「他責」にも大きなリスクがあるといえるでしょう。

失敗パターン③ 授業以外のことに力を入れ続ける

パターン①と②は、どちらかといえば怠慢さだったり頑固さだったり消極性が窺えるケースを紹介しました。

一方で、たとえ仕事に対する姿勢が意欲的で建設的であっても、大きなリスクを抱えてしまうケースもあります。

それが、授業以外のことに力を注ぎ続けるケースです。

宿題の指導に一所懸命力を注ぐ。

給食指導に力を入れていつも完食を目指させる。

休み時間に毎日クラスを巻き込んで「全員遊び」を行う。

一つひとつは美しくも正しい人生観や哲学に支えられているのかもしれませんし、教育的効果がないとも言い切れません。

しかしながら、教職の中心である授業を磨いていくことを二の次にして、枝葉の部分にばかり力を入れ続けているとするならば、これはこれで大きなリスクを生み出すことにつながるだろうとも思います。

根や幹があってこその枝葉です。

どれだけ休み時間や放課後が充実していても、学校生活のほとんどを占める授業が充実していなければ、やはり教師への信頼感は生まれにくいでしょう。

なぜなら、力が注がれていない授業を子どもたちは毎日受け続けるからです。

その教師が日頃からどれだけ「一所懸命生きることの大切さ」や「人間の可能性のすばらしさ」を説いていても、それが日々の授業の中で実現されるどころか、正反対のことを子どもたちに感じさせるものになっていたとしたら……。

どんなに正しい言葉や美しい語りを聞かせていても、子どもたちの心にはなかなか届いていかないと思います。

それは、教師の仕事の中心である授業への向き合い方、つまりは**教師としての在り方が子どもたちの心に映っていく**からだと思うのです。

名著『7つの習慣』にも「最優先事項を優先する」という項があります。

作者のスティーブン・コヴィーは、タスクの「優先度」を考える基準として「重要度」と「緊急度」の２つの軸による四象限で考えるとよいと述べています。

その４つとは、次のように分かれます。

①緊急で重要　第１領域（別名「必須の領域」）
②重要だが緊急でない　第２領域（別名「効果性の領域」）
③緊急だが重要でない　第３領域（別名「錯覚の領域」）
④緊急でも重要でもない　第４領域（別名「浪費・過剰の領域」）

私たちは日常生活の中でつい「緊急性」に重きをおいて、第１領域や第３領域に時間を使ってしまいがちです。

ただし、望む結果を得るためには「重要性」の軸に重きをおき、その中でも特に第２領域に時間を使うことが大切であると先の著作では述べられています。

教材研究を丹念に行わずとも、授業技術に磨きをかけずとも、確かに明日の授業はできるでしょう。特に締め切りに追われているわけでもないので、そういった意味では緊急性は低いタスクともいえます。

しかし、繰り返しますが、教師の仕事の中心は授業です。

あえて平たく言うならば、たとえば小学校教師は「６歳から12歳の子どもたちに勉強をわかりやすく教える」という点において専門職だといえます。

もちろん、ほかにも大切な役割はありますが、仕事の中心には厳然と「授業」がある以上、ここを外して望ましい成果を収めることは難しいでしょう。

そうした優先度を見誤り、それほど重要度が高くない領域に力を注ぎ続けることは、これも教師の在り方を脅かすリスクになります。

教師の在り方とは「選び方」である

ここまで、決定的な失敗につながりやすい教師の対応の仕方について、いくつか具体例を挙げながら述べてきました。

頑固に「不変」を選択する。自分を顧みることなく「他責」を選択する。「重要度」を見誤って、注力するポイントを選択する。

このように見てみると、リスクが生まれやすい背景には、教師の「選択の仕方」が常に存在していることがわかります。

この選び方こそが、生き方であり、在り方なのだと思います。

教師の在り方について、さらにポイントを絞って掘り下げてみます。

先に、「教師の仕事の中心は授業である」ということを書きました。

教職に限らず、どんな仕事にもその中心が存在します。

医師の仕事の中心は、「治療」です。

大工の仕事の中心は、「建築」です。

教師の仕事の中心は、「授業」です。

その仕事の中心への向き合い方は、その人の在り方とも密接に関連しているといえるでしょう。たとえば授業は、しばしば料理の世界にたとえられます。

料理人の腕があって、素材の持ち味があり、それを食して喜ぶ人がいる。

授業名人で有名な故有田和正先生は、「材料七分に腕三分」との言葉を残されました。

では、料理にとって重要なファクターとは何か。私は次のように考えてみました。


1つは、料理人としての哲学・思想です。生き方とも言い換えられます。どのように料理に向き合い、どのような料理人人生を歩んでいくのか。

その料理人が持っている思想や哲学は、料理全体に色濃く反映されます。


2つ目に、技術・知識です。

どれだけすばらしい料理に対する思想を持っていても、それだけでは「プロの料理」とはみなされません。華麗な包丁さばきや、素材によって使い分ける調理技法、料理を提供するまでの速度など、およそ素人では届かない高い技術や技能をいくつも身につけて、初めて「プロの料理」と見なされます。

技術は、一定の年月をかけて練習することによって初めて身につきます。そして、技術の練習をする上ではそれを裏付ける知識もまた身につける必要があります。なぜこの調理法を用いると、素材の旨味が引き出されるのか。こうしたことを知識として知っていないと、真なる技術の向上はありません。

もちろん、技術・知識が料理人にとって全てでないことは当たり前です。しかし、プロと素人を明確に分けるのは、技術・知識であるという側面が厳然と存在していることもまた事実です。

3つ目に、素材です。

すばらしい思想、卓越した技術をもってしても、素材自体が悪ければ良い料理はできません。良い素材を選ぶこと、そしてそれを客に合わせて素材の持ち味を最大限に生かすこと。材料七分に腕三分とはよくいったものです。

４つ目に、道具です。

一流の料理人が、道具を使い分けないわけがありません。この素材にはこれ、あの場合にはあれ、のようにピッタリの道具を使って料理を進めます。「熱を通す」という一つの工程だけをとってみても、バーナーであぶったり、湯せんにかけたり、フライパンでソテーしたり、いろいろな調理器具を使い分けます。そして、その道具に「こだわり」を持っています。

この道具こそが、素材の持ち味を最大限に引き出してくれるという確かな経験と知識があるからこそ道具の選び方にも使い方にもこだわりがあるのです。

料理にとって重要な４つのファクターについて書いてみました。

これは、そっくりそのまま、授業にも同じことが当てはまります。

同じタッチで書き進めてみます。

１つは、教育者としての哲学・思想です。生き方とも言い換えられます。どのようにに教育に向き合い、どのような教師人生を歩んでいくのか。

その教師が持っている思想や哲学は、授業全体に色濃く反映されます。

２つ目に、技術・知識です。

どれだけすばらしい教育に対する思想を持っていても、それだけでは「プロの授業」とはみなされません。40人の授業進捗を見て取る目線や、教材によって使い分ける指導法、一定の教育内容を1時間に収める授業テンポなど、およそ素人では届かない高い技術や技能を幾つも身につけて、初めて「プロの授業」とみなされます。技術は、一定の年月をかけて練習することによって初めて身につきます。

そして、技術の練習をする上ではそれを裏付ける知識もまた身につける必要があります。なぜこの指導法を用いると、子どもたちのやる気が引き出されるのか。こうしたことを知識として知っていないと、真なる技術の向上はありません。

もちろん、技術・知識が教師にとって全てでないことは当たり前です。しかし、プロと素人を明確に分けるのは、技術・知識であるという側面が厳然と存在していることもまた事実です。

3つ目に、教材です。

すばらしい思想、卓越した技術をもってしても、教材自体が悪ければ良い授業はできません。良い教材を選ぶこと、そしてそれを子どもに合わせて教材の持ち味を最大限に生かすこと。材料七分に腕三分とはよくいったものです。

４つ目に、教具です。


一流の教師が、教具を使い分けないわけがありません。

この教材にはこれ、あの場合にはあれ、のようにピッタリの教具を使って授業を進めます。「図を示す」という一つの場面だけをとってみても、紙に切って黒板に貼ったり、電子黒板に写したり、実物投影機を使ったり、いろいろな教具を使い分けます。

そして、その教具に「こだわり」を持っています。この教具こそが、教材の持ち味を最大限に引き出してくれるという確かな経験と知識があるからこそ、教具の選び方にも使い方にもこだわりがあるのです。


どのように哲学や思想を定め、どのように知識や技術を磨き、どのように教材や教具を選定していくか。これらも全て教師としての「選択」だといえます。

この仕事の中心は何かということを見誤らず、真摯に自分を省みながら変化や成長を重ねていこうとする教師の授業は、自ずと素晴らしいものになっていくはずです。

仕事の中心である授業の向き合い方一つにも、教師としての在り方が明確に表れると考えています。

「否定」をどのように届けるか

若かりし頃の一つの苦い思い出を紹介します。

ある公的研修会での出来事です。

それはひと月に1回ずつ、約1年かけて行う長丁場のものでした。教育委員会が主催し、市内の先生方数百名に向けて行う大規模の研修会です。

その1回目の研修会を終えた際のこと。

主催者の方から参加者の皆さんに「振り返り用紙」が配付されました。

私は、その日1日の研修会を受けてみて、率直な感想を書きました。すばらしいと思ったところは力強く称え、ここは改善したほうがいいと感じたところについてもあえて書きました。何せ、約10回にもわたる長丁場の研修会です。今後もしばらく付き合うことになるからこそ、私は肯定だけでなく否定も伝えることを選択しました。

耳に痛い「否定」を伝えることは、それを渡す側にとっても心苦しいことが多いものですが、伝えずには改善が生まれないことも多々あります。

ちなみに、否定の伝え方は3種類あります。

「悪口」と「批判」と「批評」です。並べると、こうなります。

「悪口」とは、根拠なしの否定　…「バカ」「アホ」「マヌケ」
「批判」とは、根拠ありの否定　…「～だから良くない」
「批評」とは、否定と肯定の両方…「～は良くない。けれど～はすばらしい」

悪口は、相手に届かないばかりか、ほとんどの場合、関係を悪くします。根拠もなく否定されたのではたまったものではありません。批判は、悪口よりもマシですが、相手への影響でいうと悪口とそれほど大差はありません。理由が明確だったとしても、相手の言い分をある程度認めたりすることなしには肝心のメッセージが伝わりにくいということです。

だからこそ、否定を伝える場合は「批評」にするのが大切です。

批評は、悪口や批判と比べて上級のコミュニケーションです。ひと言言いたい相手であっても良さをきちんと認め、言語化しているからです。

先の研修会も、私は実際に受けてみて改善したほうがいいと感じたことは山ほどありました。しかし、そればかりを書いても受け取ってもらえないと思ったため、肯定をしっかり伝えつつ、限定的に否定を伝えたのでした。

自分の中では、よほど考えに考えて渡したプレゼントのつもりでした。

しかし、その反応は私の思ったものとはまるで違いました。

その研修会を終えた翌日のことです。

私のいる勤務校の管理職あてに電話がかかってきました。

内容は、「研修会の振り返りにこんなことを書いた者がいるから指導しておくように」というものでした。話を聞いて、私は愕然としました。

管理職の教師が笑いながら「こういうのはね、ホントのことを書いちゃダメなんだよ」と優しくフォローしてくださったのは救いでしたが、当時の私は大いに憤慨しました。

何か言いたいことがあるならば直接言ってくればいいものを、こんなやり方で伝えるとはなんと姑息なのか、と心の底から腹が立ったのです。

そうしてひと月ほど経ってからのこと。

第2回目となる研修会が開催されました。その冒頭で、主催者の方は第1回の振り返り用紙の束を持ちながら、次のように言ったのです。

「この振り返り用紙には、文句は書かないでください」

会場は一瞬、ざわつきました。続けられた説明の中には、「この振り返りとはあくまでも個人としての学びの振り返りであり、研修会全体への批判は書かないで欲しい」という旨の言葉が出てきました。

当時の私は、この言葉を聞いてさらに憤慨しました（後に、一緒に参加された方々の中にも同様の感情を抱いた人が多くいたことを知りました）。

それは明らかに、私の書いた感想を指した言葉だったからです。

我々の主催する研修会には非の打ち所がないということか。

参加者は無思考で学んだことだけを持ち帰れということか。

教える側に立つ者は、かくも尊大で傲慢でよいものなのか。

第２回の研修会の間、私の頭の中にこのような感情が終始渦巻いていました。

「否定」をどのように受け取るか

私は、その時の悔しさや失敗体験を忘れないように、その時に書いた第１回の振り返り用紙を今も保存しています。もう一つ言うと、第２回の研修会の振り返り用紙に書いたこともしっかり保存してあります。

主催者のやっていることは明らかに間違っていると思いましたが、また批評を書いて管理職の先生の手を煩わせるわけにもいきません。

「文句は書かずに自分自身を振り返れ」ということでしたので、そのルールを守りつつ、私は2日目の振り返りに次のように書きました。原文ママで抜粋します。


「よく分かりました。」「勉強になりました。」

このような言葉を子どもたちが発することがある。

教師はそれを喜び、「かしこいですね」と褒める。

一方で、「分からない！」「難しい！」と訴える子もいる。

多くの場合、こうした声は教師にとって聞き心地のよいものではなく、中には、「なんで分からないんだ！」と子どもを責める場合すらある。

こうしたやり取りが続くと、子どもたちは次第に「難しい」という言葉を口にしなくなる。

「分からない状態」は「悪いこと」であり、「難しい」と言葉にすることは、先生の気分を損ねることになることを知るからだ。

でも、教師の本分は子どもの「分からない」に向き合うことなのだと思う。

「分からないこと」の価値を伝えたり、「分からない！」に学んで自身の指導を改善することなのだと思う。

だから、私は子どもたちが率直に「分からない」と言える学級を作りたい。

その「分からない」の声に学んで自分の指導を工夫し続ける教師になりたい。こうしたことを改めて感じることのできた研修だった。


この日は無事、電話はかかってはきませんでした。

もちろん、これで全てがすっきりと解決したわけではありません。

2度目の研修を終えても、胸中は全く穏やかではありませんでした。

教育委員会の方々とは、その後の日程の中で意見を交流させていただく機会などもあり、最終的には研修会全体を締めくくる代表挨拶を私に依頼してくださるようになるなど一定の関係改善が見られましたが、初動の一歩目を大きく違えた感覚は結局拭うことができませんでした。

今となってはほろ苦く思い出される、初任者研修会での懐かしい記憶です。

当時の一連の出来事は後悔こそしていないものの、コミュニケーションの一つの失敗例として自分の中に苦く刻まれています。

思い出すのも憚られるほど恥ずかしい記憶ですが、先に書いた通り「典型的な失敗例」には学ぶチャンスが山ほどあります。

改めて振り返ると、初任者研修での私の対話の仕方には、典型的な失敗パターンが含まれていたことがわかります。順に説明していきます。

二つの過信が失敗を招く

一連の失敗を招いた原因の多くは、私の心の内に存在していました。

一つは、自分の知識なり技術なりに対する過信です。先に書いた通り、「否定の伝え方」に関しては、私はどこか自信をもっている節がありました。

「否定を伝える際は悪口でもなく批判でもなく、批評にすればいいのだ」という認識を持っていた点もそうですし、否定を伝えることにさほど抵抗感がない様子からも、その内なる自信の程が窺えます。

しかし、結果を見てもわかるように、それは結局、自信ではなく過信でした。

車の運転でも、大けがをする時はたいてい一定の経験を積み、自分の力を過信している時です。習い立てで、恐る恐るハンドルを握っている時には大事故は起きません。なまじ「できる」という感覚をつかんでしまっている時こそ、注意が必要であることは運転でも対話でも同じなのだと思います。

そして、もう一つ。相手の受け止め方に対する過信も存在しました。

初めて接する教育委員会の方々のことを、私は無意識ながらすばらしい人格の持ち主であり、少々の否定などにびくともしないような解釈力を持っていると信じていたのだと思います。なぜなら、これまでに数多くの教師に研修会を実施してこられた豊富な経験をお持ちだったからです。

しかしながら、これは私が勝手に抱いた信頼感であり、しかもそれは「教育委員会」という立場に対する虚像の信頼でもありました。

まさしく、過ぎたる信であり、過信だといえます。

思えば、まだ十分な交流もなく、信頼関係もできていない相手からの否定など、受け取れる人間は圧倒的に少数派のはずです。

「初任者なのだから、否定などはもってのほかで、まずは素直に相手の話を聞きなさい」と立腹する人がいても何らおかしくありません。

しかし、私にはそうした想像力が欠けていました。

こうした過ぎたる信頼は、相手と立場や年齢が離れている時ほど起きやすいものです。「初任者」と聞けばそれだけで従順で素直であると思ったり、「大きな会社の経営者」と聞けばそれだけでそれなりの人格者と思ったりしてしまうようなケースがまさにそうです。

対話の落とし穴は得てしてこういうところにあるといえるでしょう。

「伝わる」という前提から「伝わらない」という前提へ

実際に、この原稿を書き進めている現在も、私は大なり小なりの対話の失敗を経験しながら日々を過ごしています。そしてその失敗の原因の多くは、先の「過信」が存在する場合がほとんどなのです。

だからこそ、私は自戒の意味も込めつつ、次の内容を講演会やセミナーで伝えることにしています。

対話を成功させるコツとは、「前提」を変えることである。

たとえば、先の例でいえば、私は教育委員会の方々に自分の意見が「伝わる」という前提に立って対話を行っていました。

だからこそ、管理職あてに電話がかかってきた時に憤慨したのです。

「伝わる」と思っていたのに「伝わらなかった」からです。

もしかしたら反対も然りで、教育委員会の方々も、第１回目の研修内容は全ての初任者に「伝わる」という前提に立って行っていたのかもしれません。

だからこそ、否定を伝えられた時に憤慨した可能性が大いにあります。

自分や相手を過信し、「伝わる」という前提に立って行うコミュニケーションは、得てして粗くなりがちです。

さらに、伝わらなかった時には憤慨や他責が生まれやすくなります。

「これだけ方法を工夫したのに、なぜ伝わらないんだ」と憤慨していた当時の私が、まさにそうだといえるでしょう。

これは、学校での子どもへの対応全般に関しても同じことがいえます。

「伝わる」という前提に立って行う教師の指導は、どこか尊大で傲慢です。

仮に「わからないのは子どもの理解力が足りないからだ」のような感覚で指導を進めてしまった場合、先に書いた「不変」や「他責」のリスクを伴う選択は生まれやすくなることでしょう。

一方、この前提が「伝わらない」に変わったとすればどうなるでしょうか。

思いとは、そう簡単には伝わらないもの。

それが当たり前のことであり、ごく自然な状態といえる。

だから、もし伝わったとすればそれはとても稀ですばらしいことなのだ。

このような前提に立っている人のコミュニケーションの仕方は、きっと「丁寧」になります。いろいろな方法を工夫してみるでしょうし、少なくとも相手だけを一方的に責めたりすることは起きにくくなるはずです。何より、「伝わらない」という前提に立っているからこそ、「伝わった時」には大きな喜びや感動が生まれます。

そもそも、年齢も立場も経験も異なる他人は、自分と全く異なるナラティブ（人生を構成するストーリー）を有した全くの別人格です。

その全くの別人格に思いを届けることは、そもそも至難の業だといえます。

どれだけ言葉を尽くしても方法を工夫しても、互いがピッタリとした感覚や思考になることはきっとないでしょう。

そのような「伝わらない」という前提に立って、丁寧に対話を続けようとする教師の言葉は、やはり相手に響きやすくなります。

前提の捉え方が、教師の在り方と強くかかわっているといえるでしょう。

「当たり前」という前提から「有難い」という前提へ

在り方を整える上においては、相手との「距離感」も非常に重要です。

この距離感を間違えてしまったことにより、対話がうまくいかなくなってしまうケースも後を絶たないからです。

わかりやすい例でいえば、男女の恋仲のことが挙げられるでしょう。

付き合う前の段階、つまり互いに距離感のある段階では、人は相手の気を引こうと様々な工夫を凝らすものです。

それこそ、伝える言葉にも細心の注意を払うでしょうし、相手がそれをどのように受け止めているかにもたくさん気を使うはずです。

それだけ相手の気持ちを大事にしていた2人が、恋人や夫婦の仲になってから途端に対話がうまくいかなくなっていくことがあります。

近い仲だからといってついついぞんざいな物言いになってしまったり、粗いコミュニケーションでも伝わると過信してしまったりして、付き合う前には決して起きなかったような諍いが頻発するようになったりします。それはひとえに「距離感」を間違えてしまったことによる齟齬だと思うのです。

どれだけ仲が深まっても、近い存在になっても、相手はやはり別人格です。

対話を成功させるためには、互いに一定の距離感が必要だといえるでしょう。

本来は保つべきはずの距離感を間違えてしまって踏み込んではいけないところまでズカズカと入り込み、関係を壊してしまうケースは後を絶ちません。

もちろん、恋人になる前にあれだけ大切に気持ちを思いやっていたのですから、丁寧なコミュニケーションができないわけではないのです。

しかし、距離感を誤ってしまったことによって「過信」が生まれてしまい、丁寧に対話を行おうとする姿勢を自ら崩してしまうのです。

こうして、本来はできていたはずの在り方が崩れてしまうことがあります。

これは、教室においても似たような現象が見られます。

4月、出会いの時期には、教師は子どもたちに対して丁寧な上にも丁寧な対応をすることが多いものです。

これは、子どもたち同士の関係においても同じことがいえます。

お互いの関係の中には、いい意味での緊張感があり、それが距離感を間違えないことを助ける役割を発揮しています。

ところが、日が経つにつれてお互いの距離感が近くなるにつれ、コミュニケーションには粗さが目立つようになります。

そのことが、大きな問題を引き起こす原因になるケースも少なくありません。

「魔の6月」とも呼ばれる、教室でトラブルが起きやすくなる時期には、こうした「人間関係の慣れ」も多分に影響していると私は考えています。

出会いの瞬間には保たれていた適度な距離感がなくなったことによるコミュニケーションの齟齬が起きやすくなる時期でもあると思うからです。

こうしてみると、恋人や夫婦、クラスの人間関係におけるリスクには一定の共通点があることがわかります。

出会えたばかりの頃にはあった喜びや感動が次第に薄れ、いつしかその関係が「当たり前」だと誤認識してしまうところに落とし穴があるといえるでしょう。

人間関係が成熟してきた時にも出会いの喜びを忘れず、ご縁を「有難い」ものと思える人は、きっと目の前の人のことを大切に扱うはずです。

「マイカー」ではなく「レンタカー」と捉えよう

先の恋仲の話や教室における人間関係の慣れなどをたとえて、私はこれらを「マイカー・レンタカー理論」と呼んでいます。

マイカーもレンタカーも、車であるという点に変わりはありません。

ところが、「借りている」という前提のレンタカーでは運転が非常に丁寧になり、それに比べると「自分のもの」という前提のマイカーは若干運転が粗くなるという現象が起きることがあります。いわば、人間関係だけでなく、物の扱いなどについても前提の違いが影響してくるということです。

「当たり前」ではなく「有難い」という前提で捉えられることは、人や物の扱いを丁寧にし、教室全体の雰囲気も上向きにさせる効果をもたらします。

実際にこのことを書いた学級通信を抜粋で紹介します。

私が出張で教室を離れる時に発行した通信です。


来週の月曜日は、出張のため再び私は不在となります。

ぜひ、先週の留守中の収穫や反省を生かして一日を過ごしてみましょう。

クラスでよく伝えていますが、私は教室に帰ってきた後、次のことをまず確認します。
○教室の床・机・椅子・本棚
みんながいない教室は、みんながいた時のことを雄弁に語ってくれます。

最初の出張の時は、たくさんの椅子が出ていました。

ごみもかなり落ちていました。本棚の本も横倒しになっていました。

つまり、私がいなければそういうふうに教室を使ってしまうということです。

これは、本当の力ではなく仮初めの力といえるでしょう。

「私がいる」という条件の下でしか発動しない力なのですから。

もちろん、多くの子は丁寧に物を扱えているわけですが、結局それは「個人」としての話です。

「チーム」として、この教室をどう使えばいいかという意識にはまだまだ至れていないことが、1回目の出張時に得た課題であり収穫でした。

これまでも次の言葉を教室では繰り返し伝えてきました。改めて紹介します。

教室にあるものは、基本的に「借りているもの」です。

「使わせてもらっているもの」ともいえます。

机もそうです。椅子もそうです。本棚の本もそうです。

何なら教室という場所ですらそうです。

借りているものですから、最後は返します。

そして、来年の2年生たちが使います。当然、全ての物にはお金もかかっています。机も椅子も本棚も教室もそうです。

そのお金は、お父さんやお母さんが働いて納めてくれたお金です。

みんながかしこく・かっこよくなるようにと、汗水たらして一生懸命働いて得たお金の中から少しずつ出し合ってくれているわけです。

つまり、使えるのは「当たり前」ではないんですね。

とても、「有難い」ことなんだといえます。

どんなことでもそうですが、「当たり前」と思うと使い方は粗くなります。

「自分の物」と認識すると、さらにぞんざいな使い方になります。

でも、「有難い」ことがわかると使う時に感謝の気持ちが湧いてきます。

「借りている物」と認識すると、さらに丁寧な使い方になります。

私はこれを「マイカー・レンタカー理論」と呼んでいます。

借りている車だと丁寧な運転になり、自分の車だとやや運転が荒くなる。

でも、突き詰めて見れば、車を作ったのは自分ではありませんし、鉄やガソリンを生んだのも自分ではありません。

ちょっと哲学的な話になりましたが、要はこの世に存在する全ての物を「当たり前」とみるか「有難い」とみるかで景色が一変するということです。

元気に学校に行けることも、家族でごはんが食べられるのも、教室という場所が使えるのも、決して当たり前ではないですよね。

私がいなくても、大切に感謝して教室を使ってください。


人は、人間関係や周囲の環境への「慣れ」から、「当たり前」という感覚を生み出しがちです。だからこそ、そこに一定の歯止めをかけるべく意図的に「有難い」ということを伝え続けていく必要があるのだと思っています。

一度に全員に伝わらずとも、日々そうした有難さについて発信し続けることには、教師の在り方を整える上で大切な意味があると考えています。

「できた」ことが「できなくなっていく」ことを認識する

先の荒れた学級からの相談のケースは、主に若手の先生方から寄せられたものを扱いましたが、ベテランの先生からも同様に相談を受けることがあります。

聞かせてもらう言葉には若手の先生方との共通点もある一方で、ベテランの方ならではの困り感が出ているものもあります。よく聞くのは次の内容です。

「昔の子どもたちはこれでできたんだけどね……」

「やり方は前と同じなのに、今の子どもたちはそれができなくて……」

特に、若い頃、指導がうまくいっていた方からこのような声を聞くことが多いです。この言葉の根底には、「私のやり方は間違っていないのに……」というニュアンスがしばしば含まれます。

確かに、「やり方」は同じなのかもしれません。ここには先述の「不変」のリスクも含まれるのですが、そこはいったん置いておいて、過去に成功した指導法を有していることには間違いないのでしょう。

しかし、「やり方」が同じだったとしても「在り方」は変節しています。シンプルなところでいえば、年々「若さ」は失われていきます。

教職において、若さは大きなアドバンテージです。

子どもたちは、教師が若いというだけで喜ぶものです。

距離感という意味でも、大学を出たばかりの教師ならば小学6年生と10歳ほどしか違いません。当然、感じ方や感覚はベテランよりも近いものを持っていますし、先述のエンパシー（共感力）を発揮しやすい状況にあります。

何より、若手の頃には、ほとんどの方が「成長」をしようと努めています。

自分の知識や技術が足りないことを認識しているからです。

年齢も近く、感覚的にも近いものを持っている教師が、「足りない」という認識に立って成長を目指し続けているという在り方。

これが「若さ」に含まれるアドバンテージだと思っています。

しかし、当然のことながら加齢によってその強みは年々失われていきます。

年齢的にも感覚的にもどんどん離れていった教師が、「自分のやり方は正しい」という認識に立って毎年同じ指導を繰り返していたとしたら……。

その在り方こそが、指導を難しくしてしまう大きな原因になることを、一連の文章を読んだ方ならご想像いただけるのではないかと思います。

もちろん、時代とともに子どもたちも少しずつ変わっている部分もあるのでしょうが、それ以上に、自分の在り方の変節とともに「できなくなっていくこと」があり、その影響が非常に強いことを認識しておく必要があると思うのです。

「過去にうまくいったやり方」は、手法だけでなく、その時の自分の「在り方」もプラスされていたからうまくいったとみるのが自然です。

そこには、謙虚で挑戦心にあふれていた「若さ」という名のアドバンテージがあった可能性が十分にあります。

だからこそ、中堅やベテランの域に差しかかる人は、とりわけ過去の成功体験にすがり続けることなく、成長や変化を続けていこうと意識的に取り組むことが大切なのだと思います。

なぜなら教職とは、変節を続ける子どもたちを導いていく仕事だからです。

その教室において最も強い影響力を持つ教師が、変節の歩みを止めてしまったならば、子どもたちとの間には埋めがたい溝をつくり出すことになるでしょう。

そして、加齢とともに勢いや力がなくなっていったとしても、それを補えるくらいの知や技を若い頃から磨いていくことも大切なのだと思います。

私の尊敬する先生方は、皆一様に、仕事の中心である授業に真摯に向き合い続け、若い頃から知識や技術を磨いてきていました。そして、その変節の歩みが中堅やベテランになっても止まらないのです。

そのような生き方・在り方に憧れや尊敬を覚えるのは、きっと子どもたちも同じだろうと思います。子どもたちを見る視点だけでなく、自分を振り返る視点においても「できる」という前提から「できない」「足りない」を前提にすることで教師としての在り方が整ってくるのだと考えています。

教育の「コストパフォーマンス」

教師の在り方に強い影響を及ぼす「前提」についていくつか論じてきましたが、本項目はその最後となります。ここから述べる内容は、現代の学校現場で働く上において特に重要な前提といえるかもしれません。

学校現場の「業務過多」「超多忙」が叫ばれるようになって久しいです。「働き方改革」というフレーズは現場で既に常態化し、もはや形骸化しつつあるほど、学校の慢性的な課題として世間に広く認知されるようになりました。

そうした状況下において、「効率化」や「生産性」などを教師たちが追い求めるようになるのは自然な動きだったのだろうと思います。

私が教師になった頃には考えられなかった「コスパの良し悪し」のような議論すら、近年の学校現場では当たり前のように聞こえるようになりました。

恐らく、50年前の学校現場で同じようなフレーズが飛び交ったとしたら、一気に批判の対象となったことでしょう。

学校という場所において、生産性や効率化、ましてやコストパフォーマンスを語るなど言語道断であると主張する人はきっと多かったはずです。

先にも書いた通り、教育とは惰性の強い営みです。

効果がすぐには表れにくかったり、こちらの意図していなかった反応が返ってきたりするのが教育の特徴でもあります（だからといって、ここに胡坐をかいて「不変」を選択し続けてよいわけではないことは既に述べました）。

つまり、コスパの良し悪しでいうならば、良いとはいえないものばかりがずらりと並んでいるのが学校教育であるともいえるのです。

確実なリターンが保証されているものはほとんどなく、そもそも正確にコストパフォーマンスを測ること自体が教育においては不可能だといえるからです。

とはいえ、社会問題ともなっている学校の業務過多を改善するのは、もはや日本全体の喫緊の課題ともいえます。今後もしばらく、「働き方改革」に属する一連のフレーズとは付き合い続ける必要があるのでしょう。

そうした中において、改めて心に留めておく必要がある前提があります。

たとえばコストパフォーマンスとは、次の意味を指した言葉です。

支払った費用（コスト）と、それにより得られた能力（パフォーマンス）を比較したもの

低い費用で高い効果が得られた時に「コスパが高い」と表現されます。

これを学校現場風に置き換えるならば、

投じた力（エネルギー）と、それにより得られた効果（パフォーマンス）を比較したもの

となるだろうと思います。

得られた効果や対価のことを「リターン」（見返り）ともいいますが、これを優先度として高い位置に置いてしまうのはかなり危険だといえます。

投下したエネルギーに対して、「返ってくる」という前提に立ってこの仕事をするならば、多くの徒労感や失望感が生まれるだろうと思うからです。

先にも書いた、惰性の強い営みであることの所以がここにあります。

「返ってきにくい」のが教育の大きな特徴の一つなのです。

「返ってくる」という前提から「返ってこない」という前提へ

現代においては話すことすら憚られるようになりましたが、私が若手の頃は生産性や効率化とは正反対の働き方をしていました。

授業の準備然り、学級通信の内容然り、放課後や休日の過ごし方然りです。

当時は、人生のほとんど全ての時間を仕事に投じていたと言っても決して言い過ぎではない日々を過ごしていました。

寝ても覚めても、考えているのはクラスの子どもたちのことばかり。

あの教材はこのように授業化すればいいんじゃないか、関連する情報はこうすれば手に入るだろう、そのためにはここに行って誰と会って……のようなことを四六時中考えていた覚えがあります。当時の私に、「コスパの大切さ」を語ったとしたら、大激論になったことは想像に難くありません。

激論の末に、教職に嫌気がさして現場を去った可能性すらあると思います。

それほど、生産性や効率性とは真逆だった当時の仕事は楽しかったですし、充実感に満ちていました。もちろん大変さも骨身にしみて感じていましたが、それでもお金を払ってでも当時に戻りたいと思えるくらい、この仕事のすばらしさを全身で感じていた感覚が今でも残っています。

この文を書きながら、ふと「ボランティアの参加率」の話を思い出しました。

毎回遠方から足しげく参加してくれているボランティアの方々に、せめて交通費の代わりにといくらかの謝礼を支払うようにしたところ、参加率が激減したという話を読んだことがあります。

現代は、教員採用試験の倍率が激減していることもたびたび問題として報じられるようになりましたが、私は「効率化」や「コスパ」を学校現場に求めるようになったこともその原因の一つだと思っています。

ボランティアに対して謝礼を払ったことと、学校に生産性を求めるようになったことには強い関連があるように思えてならないのです。

なぜなら、若手の頃の私は、「なかなか返ってこない」教育の神秘さに魅了され、その不思議さや難しさに没頭していた側面があったからです。

ボランティアの方々が価値を感じているのも、金銭的な報酬ではなかったからこそ謝礼が裏目に出たといえるでしょう。

だからこそ、有効な指導方法や教育技術を求めつつも、「返ってくる」という前提ではなく「返ってこない」という謙虚な前提に立つことが大切なのだと思います。

「返ってくる」という前提に立っていると、返ってこない時に相手や環境を責めやすくなります。投じた力に対して「損」のように感じるからです。

一方「返ってこない」という前提に立っていれば、いざ何らかの形で帰ってきた時に感動や喜びが生まれます。

業務改善がことさらに叫ばれる現代の学校現場においては、「返ってこない」「返ってきにくい」という前提に改めて立つことが大切なのだと思います。

そのような前提に立つ教師の在り方には、自然とゆとりや余裕が生まれ、そのことによってより子どもたちの成長の芽吹きが生まれやすくなっていくと考えています。

「失敗例」に学び、「前提」を確認しよう

ここまで、私やほかの先生方の失敗例を見ながら、そこに潜む思考のクセやパターンを見てきました。さらに、その失敗やリスクを乗り越えるために重要な「前提」についても、いくつかの具体例を示しながら述べてきたところです。

対話力においてとりわけ重要な意味を持つ在り方（ビーイング）はこれまで述べてきた通り、このようにすれば磨くことができるという明確な解があるわけではありません。

だからこそ、自身のこれまで辿ってきた道を改めて振り返ったり、目標とする教師像やその前提となる考え方を確認したりするという地道な努力が必要なのだと思いま

す。

謙虚な前提に立ち、それでもなお教育の可能性を信じようとし続ける在り方こそが、私にとっての一つの理想です。まだそこに至る道は遠いからこそ、自戒の意味を十分に込めながら本章の筆を進めてきました。

テクニックやコンテンツ以上に、ビーイングには果てがありません。その難しさや奥深さを、これからも十分に味わいつつ磨いていきたいと思っています。

第5章

相手や状況によって微修正ができる「即興力」

ナナメの関係における対話経験

ここまで、学校現場でのエピソードを中心として「対話力」の在り方について述べてきました。

日々の仕事の中には、ニーズを感じ取る力を高めたり、相手にピッタリのプレゼントを創り出す力を磨いたり、自分自身の在り方を整えていくチャンスがたくさん存在することは、ここまで紹介してきた通りです。

一方で、対話力は学校内においてのみ磨かれるものではありません。

たとえば、私は出張先などで一人ふらりと立ち寄る居酒屋の空間がとても好きです。何が良いかというと、一見《いちげん》で入ったお店には、「ナナメの関係」による対話のチャンスがゴロゴロと眠っていることが好きなのです。

上司や先輩、同僚や仲間などのタテ・ヨコの関係と違い、直接的な利害関係が生まれない関係のことをナナメの関係といいます。

教職に就いた人は、大学を出たばかりであったとしても、子どもからも保護者の方からも「先生」と呼ばれます。同僚からも研究会などに出席した時も「○○先生」と呼ばれ、強いタテ・ヨコの関係性の中で多くの時間を過ごしていくことになります。

そうした関係性の中でのコミュニケーションだけを積んでいると、ある種の偏りが生まれるリスクがあるように思うのです（これは私の経験則です）。

「先生」という立場は、敬意を払って対応してもらえることが多い職種です。子どもたちの多くもそうですし、保護者の方の多くもそうです。

少なくとも学校でお世話になり、何らかのことを教えてもらったり支えてもらったりするわけですから、多くの方はそこに敬意を払ってくれるものです。

しかし、世の中には相手に敬意を払わない方もたくさんいます。

そして、学校の中においてもそれは例外ではありません。

教師に対して敬意どころか敵意を向けてくる子どもたちもいますし、それは保護者の方においても同様です。

敬意を表してもらえる関係に慣れることのリスクとは、そういうことです。本当に難しい対話の瞬間における対応力が磨かれにくい側面が学校現場にはあると感じています。

だからこそ、私は意図的にナナメの関係に身を投じることにしています。

一見の居酒屋さんに限った話ではなく、自分自身がそういう経験が足りていないという前提に立てば、自ずと経験値を増やすための方法も見えてきます。

と、ここまでかなり高尚な書き方をしてきましたが、ナナメの関係におけるコミュニケーションというのは実に身軽で居心地がいいものです。

出張先の居酒屋でたまたま出会った方々は、私が何者かを知りません。

そして、今後再会する可能性も極めて低いといえるでしょう。

利害関係は、まさにゼロに等しい状況です。

そうした一期一会の、刹那の関係性において生まれるコミュニケーションは、対話力を豊かに磨いてくれる絶好のチャンスであるように感じています。

何の忖度も遠慮もない中で、店のご主人と話が盛り上がったり、たまたま近くに座ったお客さんと意気投合する経験は実にエキサイティングなものです。

そこに求められるのは、柔軟性や対応力を兼ね備えた「即興力」です。

長い時間をかけて紡いだ関係性の上に言葉を交わすパターンだけでなく、このように即興力が試されるのも対話力の一つの本質であるといえるでしょう。

ベストセラー『人は見た目が９割』より

対話における即興力とは、その場で偶然発揮される力という意味ではなく、それまでに磨いて培ってきた力が瞬発的に出てくるイメージを指しています。

普段から培ってきた共感力や対応力、さらにはその人の在り方が対話の刹那において自然と発露されるイメージです。

２００５年に発売されたベストセラー『人は見た目が９割』（竹内一郎、新潮新書）にも関連するヒントが書かれていました。

タイトルから「外見や容姿の重要性」を書いた本と誤解している方も少なくありませんが、この本ではむしろ「外見以外の情報の重要性」を説いています。

主に紹介されているのは、「メラビアンの法則」と呼ばれる心理法則です。

人が他者から受け取る情報は主に３つ（「言語情報＝Verbal」「聴覚情報＝Vocal」「視覚情報＝Visual」）あり、この３つのVが以下の割合で伝達するとされています。

情報の種類	概要	影響度
視覚情報	見た目、しぐさ、表情、視線	55%
聴覚情報	声の質や大きさ、話す速さ、口調	38%
言語情報	言葉そのものの意味、会話の内容	7%

これはたとえば、言葉でどれだけ「楽しい」と発していても、態度や表情がつまらなそうであれば、「つまらなそう」という見た目の印象のほうが強く伝わる、ということを示したものです。

本書の内容に照らしていえば、後半2つの聴覚情報や言語情報はテクニックやコンテンツなど主に「やり方」に属するものです。

一方、最も強い影響力を持つ視覚情報には、見た目だけでなく仕草や表情などの態度も含まれており、その人の総合的な「在り方」を示すものといえます。

そして相手との関係に大きな影響を及ぼすといわれる「第一印象」は、出会ってからおよそ3〜5秒以内に決まるといわれます。まさに、瞬間的に「この人は、どんな人なのか」が相手の中で判定されていくということです。

そして、その「どんな人か」という認識の上に「何を伝えるか」「どう伝えるか」ということが重なって、コミュニケーションが始まり、関係性が徐々に築かれていきます。

居酒屋の大将が声をかけたくなる人

第１章から第４章までを読んできた方の中には、「良い対話を紡ぐためには様々な準備をしたり知識や技術を磨く努力を積むなど、事前に相応の時間をかける必要があるものだ」と感じている方もおられるかもしれません。

もちろん、「やり方」や「在り方」を日頃から磨いていくことは非常に大切ですが、一方で対話とは常に即興的なコミュニケーションが求められるものです。

教師という仕事は、１年という比較的長いスパンの中で行われることを基本設計としていますが、その中においても即興力は極めて大切です。

全ての物事に始まりがあるように、全ての人間関係にもスタート地点である「出会いの瞬間」があります。その瞬間から様々なコミュニケーションを重ねて互いの「関係性」がつくられていき、それが対話の成否に大きな影響を与えていきます。即興力を生かした日々の対応の積み重ねが、関係の土台をつくっていくのです。先に、居酒屋でのナナメの関係について触れました。

この話を同じようにセミナーや講演会でしたところ、「私も同じように一人で居酒屋に行ってみたんですけど、全然話しかけられもしないし、一言も会話が生まれませんでした。どうしてなんでしょうか?」という質問が寄せられたことがありました（本書をここまで読み進めてきた皆さんなら、この問いにどう答えるでしょうか?）。

もちろん、お店のご主人（大将）によっては、お客さんに誰彼構わず話しかける気さくな方もいますが、そういうお店は意外と多くありません。

ひと昔前に比べてそういうやり取り自体が減ってきたと指摘する識者の方もいますし、私の感覚では関西よりも関東方面に行くほどそういうお店の方やお客さんとの交流が生まれにくいという印象を持っています。

そういう意味でも先の質問はとても面白いと思ったので、私は知り合いの大将に同じ問いを投げかけてみたことがあります。

するとその大将は次のように答えてくれました。

「こっちから話しかけるお客さんとそうでないお客さんはやっぱりハッキリ分かれますね。その人の表情とか仕草とか、全部はうまく言えないですけど雰囲気ですよね。その方の。『あぁこの人と話してみたいな』って人にしか私は声をかけないです（笑）。そういうのは、大体のれんをくぐって店に入ってきた瞬間にわかりますね」

言葉を交わす前に、既に言葉を交わしたい相手かどうかが決まるという大将の答えに、私は深く共感しました。そしてこの大将の言葉は、子どもたちや保護者から見た教師の姿にも同じことがいえるだろうなぁと感じたのです。

「一期一会」に込められたもう一つの意味

先ほどの大将の言葉を、仮に子ども目線から教師を見た時のコメントに書き換えるならば、次のようになるでしょう。

「こっちから話しかける先生とそうでない先生はやっぱりハッキリ分かれますね。その先生の表情とか仕草とか、全部はうまく言えないですけど雰囲気ですよね。その先生の。『あぁこの先生と話してみたいな』って人にしか私は声をかけないです（笑）。そういうのは、大体教室に入ってきた瞬間にわかりますね」

これは私の創作文ですが、あながちはずれともいえないことは、ご自身の学生時代を思い返せばわかるのではないでしょうか。

言葉を発する前に、既にこの人と話してみたいなぁと思わせてくれる教師は、私の人生を振り返ってもやはりいました。

こうしたことを、普段我々教師は心に置いて授業なり指導なりをしているか、一度確認してみる必要があると思っています。

居酒屋のそれと違い、教師と子どもとの間には教える者・教わる者という関係がある以上、子どもたちはたいていそのやり取りを避けたり拒んだりすることができないからです。

その教師という立場に甘んじて、「子どもたちは話を聞くもの」という前提でいると、対話はどんどん難しくなっていくでしょう。

どれだけたくさんの言葉を交わしていても、子どもたちが心の中でそれらを門前払いしてしまっている可能性があるからです。

そういった意味でも、対話における自身の即興力を確認することには意味があります。仮に日頃の関係性がゼロだったとしても、相手が自分の話を聞きたいと思えるような伝え方・在り方になっているかを再確認するのです。

それはまさに、「一期一会」の心持ちで日々の仕事に向かっているかということを確認することとも重なります。一期一会は、もともと茶道から生まれた言葉で、次の意味があることは広く知られています。

「あなたとこうして出会っているこの時間は、二度と巡っては来ないたった一度きりのものです。だから、この一瞬を大切に思い、今できる最高のおもてなしをしましょう」

「たった一度きり」という意味合いから、初対面の方との出会いの文脈で使われることが多い言葉ですが、本来の意味は若干異なるといわれています。

茶会は、新しい客人をもてなすためにも行われましたが、よく知っている者同士が集って行う茶会も当然存在しました。

全員が顔なじみという茶会も少なくなかったといいます。

しかし、仮に全く同じメンバーだったとしても、会によって、飾られる花だったり、用意されるお茶菓子だったり、床の間の装いは変わったりします。

お天気も違えば、季節も違い、時間も年も違います。

参加する人たちの気持ちすら、毎回同じではありません。

つまり、「全く同じ茶会は開かれることがない」のです。

だからこそ、慣れ親しんだから関係からついつい生まれがちな「おざなりの気持ち」を戒めるために、一期一会には次の意味も込められているといわれます。


これからも何度でも会えるかもしれないが、もしかしたら二度とは会えないかもしれないという覚悟で人には接しなさい。


茶会と同様に、同じ教室・同じメンバーであったとしても、全く同じ一日が過ぎることは決してありません。

だからこそ、私は次のことを定期的に確認するようにしています。


「たった一度きりの出会い」で、仮に教師と子どもという関係がなかったとしても、子どもたちは自分のこの話に耳を傾けるだろうか。

「定期的に」と書いたのは、このような確認や戒めを日々行うことが現段階ではまだできていないからです。

本来ならば、一期一会に込められた教えの通り、毎日清新な心持ちで教室に向かえることが理想ですが、その境地に至るのはとても難しいことです。

だからこそ、学期のはじめや終わりといった節目の時や、要所となる授業や指導の際に先のような確認を行うようにしています。

日々、子どもたちとの関係を大切に築いていくためにも、瞬間的に発揮される一期一会の即興力を磨いていくことは極めて重要だと考えているからです。

おわりに

現在私が勤めている学校は、職員の半分が外国人の先生です。

英語学習に力を入れている特別なカリキュラムを敷いている私立学校であり、職員室内でも日常的に英語が飛び交っています。しかし、私は英語が得意とはいえません。日常会話程度なら大丈夫ですが、仕事への向き合い方を伝えたり、授業の要点を伝えたり、会話の難度が上がるとなかなかうまく言葉を紡げないのが実状です。

この原稿を書いている一日前、その職場で忘年会がありました。

行きの電車で別の学年を担当されているアメリカ人の同僚と一緒になった私は、30分ほど彼と雑談を交わしたのですが、その中で意外な事実を教えてもらいました。

「（イギリス人の）○○先生が、『渡辺先生は私にちゃんと気持ちを伝えてくれる。英語も上手だ』と話していましたよ」

そのように電車で私に伝えてくれたのです。これは、私にとって大きな驚きでした。

なぜなら、間違いなく私の英語はお世辞にも上手とはいえないからです。

けれども、本人から直接聞くわけではなく、アメリカ人の同僚から伝聞という形で渡されたその言葉は、私の心に確かに響きました。

なぜ、上手ではない私の英語がそのような結果を生んだのか。

それはきっと、「私は英語が下手だ」「だからきっと気持ちはうまく伝わらない」「その分、丁寧に伝えなくては」という前提が私の中にあったからだと思います。

思えば、同じ日本語を話していても思いが伝わっていないケースは山とあります。もし仮に、その前提に「同じ日本人だから」「同じ仕事に就いているのだから」「家族だから」「親友だから」「恋人だから」**「このくらいは伝わって当然だ」**という思い込みがあるとするなら、対話はきっとどんどん難しくなってしまうのでしょう。

イギリス人の同僚の言葉が私にもう一つ教えてくれたのは、「言葉の紡ぎ方が下手でもちゃんと気持ちは伝わるんだよ」という温かなメッセージでもありました。

年の瀬に、すてきな言葉のプレゼントを貰った私は、本当に幸せな気持ちで忘年会の会場へと到着しました。本書をお読みになった貴方のプレゼントも、大切な方にきちんと届きますように。

年の瀬の自宅にて4人の子宝へのクリスマスプレゼントを考えながら　渡辺　道治

著者紹介

渡辺 道治（わたなべ・みちはる）

2006年北海道教育大学卒業。同年より奈良県天理小学校にて勤務。16年グローバル教育コンクール特別賞受賞。17年より札幌市立屯田西小学校にて勤務。小学校教員の仕事の傍ら、年20回ほどの講演活動、福祉施設や医療施設での演奏活動、書籍・雑誌・新聞等の執筆活動を展開する。ユネスコやJICAによるアジアを中心とした国際交流事業や、初等教育算数能力向上プロジェクト（PAAME）においてアフリカの教育支援にも携わるなど内外において精力的に活動中。著書に『学習指導の「足並みバイアス」を乗り越える』（学事出版）、『心を育てる語り』（東洋館出版社）、『BBQ型学級経営』（東洋館出版社）など。

執筆協力

小胎　未輝仁（愛知県公立小学校）
栗原　佑佳（群馬県公立小学校）
星野　佑貴（群馬県公立小学校）

子どもと心でつながる教師の対話力

2023年3月9日　初版発行
2023年4月5日　2刷発行

著　者――――渡辺《わたなべ》 道治《みちはる》
発行者――――佐久間重嘉
発行所――――学 陽 書 房
〒102-0072　東京都千代田区飯田橋1-9-3
営業部――――TEL 03-3261-1111／FAX 03-5211-3300
編集部――――TEL 03-3261-1112
http://www.gakuyo.co.jp/

ブックデザイン／佐藤 博
DTP制作／越海辰夫
印刷・製本／三省堂印刷

ISBN978-4-313-65469-3 C0037